MERIAN *live!*

Santorin

Lasse Dudde, Jahrgang 1964, arbeitet
seit vielen Jahren als Buch- und Fernseh-
autor. Privat ist er Griechenland-Liebhaber,
wobei es ihm besonders die Kykladen,
allen voran Santorin, angetan haben.

👪 Familientipps

♿ Diese Unterkünfte haben
behindertengerechte Zimmer

◎ Ziele in der Umgebung

Preise für ein Doppelzimmer mit Frühstück:

€€€€ ab 180 €   €€ ab 75 €
€€€ ab 120 €   € bis 75 €

Preise für ein dreigängiges Menü ohne
Getränke:

€€€€ ab 18 €   €€ ab 10 €
€€€ ab 15 €   € bis 10 €

Inhalt

◄ Segelboot im alten Hafen von Firá
(► S. 37) an der Caldera.

Unterwegs auf Santorin 34

Der Norden

Die Inselmitte

Der Süden

Touren und Ausflüge 82

Wissenswertes über Santorin 94

✳ Karten und Pläne

Willkommen auf Santorin

Die Kykladeninsel im Osten Griechenlands wartet mit atemberaubenden Kontrasten und einem einmaligen Flair auf.

Von Westen aus betrachtet, hat dieses Gebilde dort unten etwas von einer riesigen Krabbe, die mit ihren weit ausladenden Greifern etwas verloren wirkt im endlosen Türkis des Mittelmeeres. Dann ist es wieder ein etwas aus der Form geratener Kuchen, dessen weißer Zuckerguss ein bisschen über die Ränder gelaufen ist. Alles scheint hier etwas kleiner ausgefallen zu sein: der niedliche Flughafen im Allgemeinen und der stets kurze Weg zum nächsten Ort im Besonderen.

Santorin, dessen Name wohl von der Heiligen Irene (Santo Iríne) herrührt, ist ein Eiland der Höhen und Tiefen und der Kontraste: Der Westen mit seinem spektakulären Bruch zum Meer, der Osten mit seinen weich abfallenden Hängen, die sich an der Küste in ein plattes Land verwandeln, der schwarze Vulkanstein und die blendend weißen Siedlungen mit den ungezählten weißen Kirchenkuppeln, dann das karge Gebirgsmassiv des Profítis Ilías mit seiner fruchtbaren Landschaft daneben. Die Ruinen, oft in direkter Nachbarschaft von neu gebauten Hotelanlagen, erzählen von einer Vergangenheit der Extreme, die auch eine Mahnung an die Gegenwart ist: Am 9. Juli 1956 wackelte auf Santorin frühmorgens die Erde und zerstörte Hunderte von Häusern,

Um die 587 Stufen auf dem Treppenweg von Firá (▸ S. 37) zum Hafen zu bewältigen, bieten Esel ihre Dienste an.

ganze Ortschaften wie Oía oder Firá glichen binnen Minutenfrist einem Trümmerfeld, viele Dutzend Menschen kamen durch dieses Erdbeben ums Leben. Und noch heute ist die Insel mehr oder weniger flächendeckend mit Spuren dieser Naturkatastrophe versehen: Hier eine rissige Mauer, dort eine zerstörte Treppe.

Der Vulkan als Regisseur

Es war vor knapp 4000 Jahren, als Santorin von einem derart gewaltigen Vulkanausbruch heimgesucht wurde, dass man diesen heute unter die größten Naturkatastrophen der Menschheitsgeschichte einordnet. Dort, wo sich einst die Mitte der Insel befand, klafft heute ein tiefes, vom Meer überflutetes Loch, das von den Resten der ursprünglichen Insel umrandet wird. Darunter brodelt im Stillen immer noch der Vulkan, noch vor etwa 250 Jahren förderte er im Kraterbecken eine neue Insel zu Tage: Néa Kaméni. Der Vulkan führt noch heute Regie auf Santorin, dessen maximale Nord-Süd-Ausdehnung gerade einmal 17 km misst und das höchstens 6 km in die Breite geht.

Tourismus als Hauptwirtschaftsfaktor

Lange war Santorin für seine landwirtschaftlichen Produkte berühmt. Heute lebt die Bevölkerung zweifellos vom Tourismus. Die Kreuzfahrer sind eine feste Größe unter den Inselbesuchern. Viele Urlauber kommen auch mit einer der vielen Fähren an, die von Athen aus zwischen den Inseln der Ägäis unterwegs sind. Die allermeisten Touristen reisen aber klassisch mit dem Flugzeug an. Hotels gibt es natürlich ausreichend und in allen Formen und Preisklassen. Im Westen reihen sich die Traumorte des Kraterrandes mit dem einzigartigen Ausblick auf die Caldera wie Perlen an einer Kette auf. Hier liegen die exklusiven Kraterrandorte Firá, Imerovígli und Oía. Firá, der Hauptort, gefällt durch seinen Wirrwarr aus Gassen und Gässchen und seine historischen Stadtviertel im Norden. Oía ist durch seine dörflich anmutende Szenerie am Nordostrand das unumstrittene Juwel der Insel. Im Südosten und Süden befinden sich die wichtigsten Strände und die Touristenorte Kamári und Baríssa.

Exklusives Badeparadies

Kamári ist der typische Badeort. Auch hier muss man nicht lange suchen, um die Annehmlichkeiten eines klassischen Badeurlaubs zu finden. Die Strände bestehen kilometerweit aus grauschwarzem, grobkörnigem Vulkansand, der besonders heiß werden kann.

Im Nordosten und Osten findet der Zivilisationsgeplagte viel Platz. Zwischen dem Strand von Baxédes und dem kleinen Fischerort Monólithos gibt es noch – fast – menschenleere Strände und Tavernen mit ursprünglichem Charakter. Und auch in der Inselmitte kann man den Kontrast zu den Ferienorten erleben. Orte wie Voúrvoulos im Norden oder Vóthonas haben sich immer noch jene kleindörflerische Ruhe bewahren können, die andernorts längst durch die vielen Tribute an den Tourismus verschwunden ist.

MERIAN -TopTen
MERIAN zeigt Ihnen die Höhepunkte der Insel: Das sollten Sie sich bei Ihrem Besuch auf Santorin nicht entgehen lassen.

1 Seilbahn, Firá
Aus der Höhe betrachtet sehen Hauptort, Hafen und Caldera noch viel eindrucksvoller aus (▶ S. 33, 41).

2 Katholisches Viertel, Firá
Durch die malerischen Gassen bummelt man am besten am späten Nachmittag (▶ S. 38).

3 Kastell Argýri, Oía
Von einem der begehrtesten Fotomotive der Insel genießt man beim Sonnenuntergang einen tollen Ausblick (▶ S. 51).

4 Voúrvoulos
In diesem Dorf am Berg mit seinen Höhlenhäusern scheint die Zeit stehen geblieben zu sein (▶ S. 54).

5 Alt Thera
Eine Meisterleistung frühgeschichtlicher Städteplanung vor einem sagenhaften Panorama (▶ S. 60).

6 Panagía Episkopí
Einer der wichtigsten kulturellen Orte Santorins. An diesem Kloster lässt sich die Geschichte der Insel hervorragend ablesen (▶ S. 62, 90).

 Pýrgos
Ein Ort als Festung mit engen Gassen und schiefen Treppen, dazu die atemberaubende Aussicht in den Norden Santorins (▸ S. 66).

 Ausgrabungsstätte Akrotíri
Das überdachte Areal ist einer der größten Museumsschätze der Mittelmeerregion (▸ S. 72, 87).

 Red Beach
Außergewöhnlicher Strand: Baden in einer unwirklichen Landschaft mit intensivem Lichtspiel (▸ S. 76, 87).

 Caldera-Kreuzfahrt
Absolutes »must«: ein Besuch des Kraters auf der kleinen Insel Néa Kaméni und ein Bad in den heißen Quellen des Vulkanarchipels (▸ S. 84).

8

MERIAN-Tipps Mit MERIAN mehr erleben.

Nehmen Sie teil am Leben der Insel und entdecken Sie Santorin, wie es nur Einheimische kennen.

1 Forum, Períssa
Glücksmomente für Leib und Seele: In dieser Taverne gibt's beste griechische Spezialitäten und Livemusik vom Wirt (▸ S. 17).

2 Tauchen im Krater
Die beispiellose Unterwasserwelt Santorins wartet hier mit Attraktionen auf (▸ S. 31).

3 MATI art Gallery, Fíra
Fish as fish can: So wie die Insel selbst bietet auch das dargebotene Kunsthandwerk viel Individualität (▸ S. 38).

4 Santoríni Music Festival, Fíra
Klassik international, Folklore regional – aber die Musik ist immer absolut vom Feinsten (▸ S. 45).

5 Santorinía, Firostefáni
Es ist laut, es ist spät, und es herrscht ein Gedränge – griechischer kann man die Nacht in Santorin kaum verbringen (▸ S. 47).

6 Langas Villas, Imerovígli
Wohnen »auf dem Balkon von Santorin« bietet die komfortable Anlage in toller Lage (▸ S. 49).

 Jimmy Room's, Thirassía Manolas

Das einfache Leben früherer Tage erwartet den Besucher auf der Nachbarinsel mit Übernachtung in dieser kleinen Pension (▸ S. 54).

 Kapelle Zoodócho Pigí

Ein Fleckchen Erde wie aus dem Bilderbuch – sehr zu empfehlen für alle, die im Urlaub auch Besinnung suchen (▸ S. 58).

 Leuchtturm von Fáros

Romantik im Kegellicht des maritimen Wegweisers. So eine Aussicht gibt es wohl nur einmal (▸ S. 74).

 Strandidyll Póri

Hier kann man sich so richtig schön wegträumen – obwohl man eigentlich nie mehr weg möchte … (▸ S. 86).

Den besten Blick auf den Sonnenuntergang genießt man im Norden von Oía (► S. 50), deshalb sind hier die Restaurantterrassen am Abend gut besucht.

Zu Gast **auf Santorin**

Schöne Hotels in riesigen Kraterwänden, Tavernen mit
Sunset-Blick und Livemusik, Entspannung pur in der
warmen Brandung ... Auf Santorin findet jeder sein
ganz privates Urlaubsglück!

Übernachten

Darf's eine Suite mit Privatpool und grandioser Aussicht sein, Champagnerfrühstück inklusive? Santorin bietet etwas für jeden Geschmack, wobei die Traumlage natürlich am Kraterrand zu finden ist.

◄ Wunderschön eingerichtet mit den Betten in kleinen Nischen sind die Suiten im Perívolas Hotel (▶ S. 52) in Oía.

Ob Strandhotel oder Höhlenwohnung mit Kraterblick: Die schönsten Adressen liegen dort, wo (fast) alle hin möchten und wo man als Hotelier entsprechend auch die höchsten Preise verlangen kann. Kein Wunder also, dass vor allem in **Oía** und **Firá** wegen des einmaligen Panoramablicks über den Kraterrand die Zimmerpreise teilweise astronomisch sind.

Es gibt auch Normaltarife

Santorin ist also keinesfalls in erster Linie eine Low-Budget-Insel. Spitzentarife von bis zu 600 € oder auch noch darüber sind glücklicherweise nicht die Regel, aber an der Westküste für ein Doppelzimmer durchaus anzutreffen – pro Nacht, versteht sich. An den Badeorten liegen die Preise im Durchschnitt freilich gehörig darunter. Doch keine Bange, es gibt sie überall, die nachvollziehbaren Normaltarife und auch die preisgünstigen Alternativen.

Ein Doppelzimmer in einer Pension oder in einem kleinen Hotel ist sogar in der Hauptsaison durchaus ab 50 € zu haben – wenn man sich frühzeitig auf die Suche begibt. Und für alle Fälle gibt es natürlich immer noch Privatunterkünfte, die von den Vermietern an den Häfen und am Airport weithin sichtbar mit Schildern (»rooms to let«, »rooms for rent«) angepriesen werden. Viele dieser Zimmer, Studios und Appartements gehören der Kategorie A oder B an, sind also gut ausgestattet und verfügen über ein eigenes Bad und oftmals auch über eine kleine Küchenzeile.

»Spezialität«: Höhlenwohnungen

Besonders reizvoll sind die berühmten, in Höhlen eingerichteten Unterkünfte, die häufig »**Santoríni Caves**« oder »**Traditional Houses**« heißen und sich vor allem an der Westküste finden. Sie bieten auch ohne Klimatisierung tagsüber Schutz vor allzu großer Hitze, und sie sind oft mit einer kleinen Kitchenette versehen. Bezahlen können Sie meist mit den gängigen Kreditkarten. Dies gilt auch für viele Pensionen.

Die Kategorisierung der griechischen Zentrale für Fremdenverkehr (E.O.T.), die bei »de luxe« beginnt und sich dann von A bis E nach unten stuft, taugt manchmal nur als Orientierungshilfe. Grund: Zuweilen liegt die Bewertung eines bestimmten Hotels mehrere Jahre zurück, und das einst so ordentlich geführte Haus ist inzwischen in einem wenig ansprechenden Zustand. Da eine »gute« Einstufung auch eine höhere Steuerbelastung zur Folge hat, gibt es aber immer wieder auch den umgekehrten Fall, dass eine Unterkunft der Klasse B oder C sich als wahres Serviceparadies in traumhafter Lage entpuppt.

Hotels der Kategorien »de luxe« und A entsprechen in diesem Reiseführer der Luxusklasse (€€€€) bzw. der oberen Preisklasse (€€€), die Kategorie B und C der mittleren Preisklasse (€€) und D und E der unteren Preisklasse (€).

Empfehlenswerte Hotels und andere Unterkünfte finden Sie bei den Orten im Kapitel ▶ **Unterwegs auf Santorin.**

Preise für ein Doppelzimmer mit Frühstück:

€€€€ ab 180 €	€€ ab 75 €
€€€ ab 120 €	€ bis 75 €

Essen und Trinken Candlelight-Dinner

für Frischverliebte oder gesellige Runden am großen Tisch.
Im edlen Restaurant lässt es sich genauso gut und angenehm speisen wie in der kleinen Taverne im Hinterland.

◄ Gutes Essen und perfekten Service bietet das Atmosphere (▶ S. 58), das zu den besten Restaurants der Insel zählt.

Schön essen gehen ist für viele Urlauber das Highlight des Tages. Damit Sie die Stunden im Lokal wirklich rundum genießen können, sollten Sie ein paar Dinge beachten: Ein Großteil der Zutaten für die Spezialitäten auf den Speisekarten wird auf die Insel importiert. Das hat einfache Gründe: Zum einen gibt es auf Santorin so gut wie keine Viehzucht, zum anderen ist die Zahl der Fischerboote, gemessen an der Menge der Touristen, recht bescheiden und das Ägäische Meer ohnehin ziemlich »abgeerntet«. So gilt für Fleisch- wie für Fischgerichte: Man bezahlt in aller Regel einen stolzen Preis – zumal dann, wenn man sich die bisweilen ausgesprochen kleinen Portionen vergegenwärtigt. Da Fisch meist nach Gewicht verkauft und zubereitet wird, sollte man tunlichst darauf achten, dass dieser auch stets gewogen wird.

Guter Rat im Restaurant

Es ist sicher eine gute Idee, sich dann und wann an die – zugegebenermaßen überschaubaren und häufig vegetarischen – Spezialitäten der Insel zu halten, zu denen beispielsweise »**fáva**« gehört, eine Art Eintopf oder Mus aus Kichererbsen bzw. gelben Erbsen. Beliebt sind auch die sogenannten Pseudo-Fleischbällchen, die aus Tomaten und Zwiebeln geformt werden. Zu den gesunden fleischlosen Favoriten gehören außerdem verschiedene Gerichte mit Zucchini und Auberginen. Lecker ist auch der typische Bauernsalat, der hier mit Kapernblättern serviert wird.

Wer Antipasti, Tapas und Co. liebt, kommt auch im Santorin-Urlaub auf seine Kosten: Bei einem Teller mit verschiedenen »**orektiká**«, der griechischen Auswahl an Vorspeisen, kann kaum etwas schief gehen, vor allem dann, wenn eine größere Runde am Tisch versammelt ist – da ist garantiert für jeden das Richtige dabei. Dennoch: Wo gehobelt wird, da fallen Späne. Und wo der Massentourismus Einzug gehalten hat, liegt es in der Natur der Sache, dass echte Originale mit der Zeit den Mut verlieren, eigene Speisekarten bereitzuhalten, wenn sich am Ende die Einheitsrezeptur doch besser verkauft. Essen wie zu Hause, von der Biermarke bis zum Knödel? Das geht auch auf Santorin, genauso wie an vielen anderen Ferienorten dieser Welt. Und trotzdem lohnt es sich, sich auf die legendäre griechische Hausmannskost einzulassen. Und das liegt nicht zuletzt an der Frische der Zutaten.

Griechische Essgewohnheiten

Kulinarisch beginnt der Tag in Hellas anders als etwa bei uns. Der »Durchschnittsgrieche« genehmigt sich zwar auch einen Kaffee, aber das war's dann schon mit Frühstück. Vielleicht tunkt er noch ein bisschen Brot in die Tasse, mehr aber sicher nicht. In den großen Touristenhotels gibt es freilich das gewohnte Büfett mit allen Schikanen, und in den vielen Tavernen bietet die Frühstückskarte vom »Continental Breakfast« über »Bacon and Eggs« bis hin zum frischen Obstsalat mit köstlichem griechischen Joghurt alles, was das Herz begehrt – auch für Langschläfer.

Hauptmahlzeit am Abend

Die Hauptmahlzeit kommt bei den Einheimischen erst am Abend auf den Tisch, wenn die größte Hitze vorbei ist und man ohnehin bis spät in die Nacht unterwegs ist. Erst ab 21.30 Uhr wird in die Tavernen eingekehrt, die aber – nicht zuletzt aufgrund der Essgewohnheiten der Touristen – oft den ganzen Tag lang geöffnet haben und schon im Laufe des Vormittags die ersten Speisen vorkochen. Das ist mit ein Grund, weshalb das griechische Essen dem deutschen Gaumen bisweilen nur lauwarm erscheint. Oft »baden« die Zutaten über Stunden in (nährstoffreichem) Olivenöl – was übrigens den natürlichen Verlust an Vitaminen mindert! Aber keine Sorge: Den traditionellen **»souvláki«**-Spieß, **»gyros«** und vieles andere gibt es nach wie vor frisch vom Grill, und die Mikrowelle ist natürlich längst auch in Santoriner Küchen zum schnellen Aufwärmen im Einsatz.

Wenn Sie landestypisch essen möchten, sind die **»orektiká«**, die Vorspeisen, ein Muss. Ganz praktisch heißt dies: von jedem etwas und alles auf einmal, vom allseits bekannten und beliebten knofeligen **»tzatzíki«** über **»dolmadákia«** (mit Reis und/oder Hackfleisch gefüllte Weinblätter) und – typisch für Santorin – **»tomáto-Keftédes«** (Hackfleischbällchen in Tomatensauce) bis zur **»taramosaláta«** (eine würzige Creme aus Fischrogen), Oliven und vielen kalten und warmen Köstlichkeiten mehr.

Wenn die Einheimischen in größerer Runde essen gehen, wird stets zusammen bestellt, jedoch nur von einem Gast am Tisch bezahlt – das heißt, man teilt sich erst anschließend die Kosten der gemeinsamen Rechnung. Aber natürlich sind die

Zu den Spezialitäten der griechischen Küche zählen Fischgerichte aller Art. Der Oúzo wird pur, mit Eiswürfeln oder mit Wasser verdünnt getrunken.

Kellner inzwischen längst die singuläre Zahlweise der Touristen gewohnt und überreichen so manchmal auch alten Ehepaaren zwei Rechnungen …

Übrigens: Schließen Sie nicht von dem äußeren Erscheinungsbild eines Lokals auf die Qualität des Essens! Mitunter sind es gerade die schicken Restaurants, die mit einfallslosem Einerlei zu gediegenen Preisen aufwarten, während sich die unauffälligen Tavernen und Kafeníons in den Nebenstraßen und am Ortsrand oft buchstäblich noch in die Töpfe schauen lassen.

Die unterschiedlichen Lokale

Die Tavernen sind meistens entweder auf Fleisch- (»psistária«) oder auf Fischgerichte (»psárotavérna«) spezialisiert; in den »kafeníons« wird, wie der Name schon sagt, vor allem Kaffee serviert, aber auch Oúzo.

Auch über die **Ouzéri** muss nicht weiter ausgeholt werden, außer vielleicht mit dem Hinweis, dass dort manchmal ebenfalls kleinere Gerichte serviert werden. In einem »zacharoplasteíon« wiederum gibt es im Grunde alles, was man bei Heißhunger nach Süßem begehrt. Eine Spezialität sind dort die »loukoumádes«, frittierte Teigbällchen, die man mit Honig und Sesam isst.

Den Santoriner Wein sollten Sie unbedingt probieren; einige Hotels und Restaurants haben als Nebenerwerbsquelle das »Wine Tasting« entdeckt, das von den Urlaubern auch gerne in Anspruch genommen wird. Außerdem bieten die verschiedenen Kellereien Weinproben an.

Der klare Anisschnaps Oúzo ist längst über Griechenland hinaus ein

---

MERIAN-Tipp

FORUM ▶ S. 121, D 15

Diese Taverne in Períssa gehört zu den echten Originalen am Platz, denn Lokalbesitzer Dimítrios Sigálas serviert neben Kaninchen und Fisch auch ausgezeichnete vegetarische Gerichte, und darüber hinaus bemüht er sich mehrmals wöchentlich, auf dem Akkordeon den richtigen Ton zu treffen – was ihm auch stets gelingt. Mit einem Wort: stimmungsvoll!
Períssa, am Strand • tgl. ab 11 Uhr geöffnet • €€€

Begriff. Man trinkt ihn entweder unverdünnt, mit Wasser gestreckt oder mit Eiswürfeln, wobei sich jeweils eine milchige Verfärbung einstellt. Traditionell wird ihm eine heilende Wirkung nachgesagt, beispielsweise bei Magenbeschwerden oder auch bei Migräne.

Beim Kaffee empfiehlt es sich, wenn es kein Pulvergetränk, sondern der echte, in einem Stielkännchen mit Wasser und Zucker aufgekochte »kafés« sein soll, dies auch ausdrücklich zu sagen. Diesen »greek coffee«, wie er meist bestellt wird, gibt es in mehreren Varianten: von »skéto« (= ohne Zucker) über »métrio« (= normal gesüßt) bis hin zu »glikó« (= sehr süß).

Empfehlenswerte Restaurants finden Sie bei den Orten im Kapitel ▶ **Unterwegs auf Santorin.**

Preise für ein dreigängiges Menü:

€€€€ ab 18 €	€€ ab 10 €
€€€ ab 15 €	€ bis 10 €

grüner

reisen

Wer zu Hause umweltbewusst lebt, möchte dies vielleicht auch im Urlaub tun. Mit unseren Empfehlungen im Kapitel grüner reisen wollen wir Ihnen helfen, Ihre »grünen« Ideale an Ihrem Urlaubsort zu verwirklichen und Menschen zu unterstützen, denen ein verantwortungsvoller Umgang mit der Natur am Herzen liegt.

Vom Umweltschutz noch weit entfernt

Keine Frage: Die große Öko-Welle hat die ansonsten so charmante Kykladeninsel noch nicht wirklich erreicht. Vor allem die Müllentsorgung ist ein zentrales Problem, gerade auf Santorin. Und die alte griechische Tradition der Grund- und Bauspekulation hat auch hier nicht dazu geführt, dass man dem Naturschutz Vorrang vor der zunehmenden Bebauung eingeräumt hätte. Einen Schock erlebte Santorin zudem am 5. April 2007, als das Kreuzfahrtschiff »Sea Diamond« in der Caldera auf ein Riff stieß, sank und seitdem an einem Steilhang liegt, mit ungewissen Folgen für die Ökologie der Unterwasserwelt.

Der Tourismus bringt also nicht nur Geld in diese einzigartige Region, sondern auch Probleme. Aber auch die Möglichkeit, durch das eigene Verhalten vor Ort ein anderes Bewusstsein anzuregen. Ein Anfang wäre schon ein Rucksack oder eine Tasche beim Einkaufen anstelle der überall verwendeten Plastiktüten. Und ein Tipp am Rande: Für Wein aus Santorin benötigt man entsprechende Anbauflächen, die bei regem Bedarf nicht bebaut werden können …

ÜBERNACHTEN

Hotel Cliff Side Suites ▸ S. 116, A 7

Hier, wie in allen anderen Höhlenquar-
tieren, musste kein betonierter Kasten
mitten auf dem Acker errichtet werden, vielmehr wird der traditionellen
Wohnkultur Santorins Tribut gezollt.
Zwar wird man auch in den 23 verschiedenen Höhlenwohnungen und
Häusern durchweg eine Klimaanlage
und Kühlschränke vorfinden, dafür hat
man bei der Renovierung der Anlage
insgesamt auf eine vernünftige Auswahl der Baumaterialien wie Farben
gelegt. Kunststoff und Einmalpackun-
gen im Badezimmer wird man hier
nicht finden.
Firostefáni, am Kraterrand • Tel.
2 28 60/2 21 41 • www.grottovillas.
com • 23 Zimmer • €€€€

Jugendherberge in Oía

▸ S. 115, E 2

Auf Santorin gibt es kaum ein Hotel,
das nicht durch Sonnenenergie sein
Warmwasser aufbereitet, doch bei der
sonstigen Stromerzeugung wird man
regenerative Energieträger wie Photo-
voltaik oder Windkraft kaum oder
gar nicht finden, trotz einschlägiger
EU-Förderprogramme. Umso wichtiger
sind Herbergen, bei denen weniger
mehr ist.
Statt Einweg steht bei der Jugendherberge in Oía in vielen Bereichen der
Mehrweg auf dem Programm. Außerdem achtet man auf nicht ganz unwich-
tige Features wie das Weglassen einer
Klimaanlage und Marmeladengläser
statt Portionspackungen, die anschließend weggeworfen werden müssen.
Sehr sauber und gepflegt, freundliches Ambiente mit schöner Dachter-
rasse und gutem Restaurant.
Oía • Tel. 2 28 60/7 14 65 • www.
santorinihostel.gr • 70 Betten • €

ESSEN UND TRINKEN

Selláda ▸ S. 121, E 14

Schönes Lokal in uriger Umgebung,
versucht ein bisschen den Schwer-
punkt auf vegetarische Küche zu setzen, die auf den Kykladeninseln insgesamt sowieso weiter verbreitet ist als
im übrigen Griechenland. Sehr authentisch, deshalb essen auch viele
Insulaner hier. Geboten werden unter
anderem die so beliebten »pséftikef-
tédes« (»Falsche Fleischklößchen«)
und natürlich der obligatorische Bauernsalat, »choriátiki saláta«.
Kamari, an der alten Stichstraße zum
Strand • tgl. ab 11 Uhr • €€

EINKAUFEN

Das gute Herz ▸ S. 119, E 11

Sie ist schon ein Unikum, die Anna Belas, so wie sie dort mit ihrem Markt-
stand irgendwo am Straßenrand an
der Straße, die den Norden Santorins
mit dem Süden verbindet, steht. Anna
Belas versteht sich wie ihr Mann als
Öko-Landwirt. Das heißt: Auf Santorin
gibt es zwar nirgendwo eine richtige
Öko-Landbaufläche, aber sie und ihr
Mann, so versichern beide glaubhaft,
rühren keinerlei chemische Schäd-
lingsbekämpfungsmittel oder Kunst-
dünger an. Und so kann man an ihrem
Stand beispielsweise echten Safran,
Fava-Platterbsen, Salbei, Lorbeer oder
luftgetrocknete Tomaten erstehen und
probieren. Übrigens trägt Anna Belas
Stand einen schönen Namen: »I Kali
Kardia« – das gute Herz ...
Etwa auf halber Strecke zwischen
Akrotíri und dem Leuchtturm

Domaine Sigálas: Bioweine aus Oía ▸ S. 115, E 2

Der Mathematikprofessor Paris Sigálas studierte einst an der Sorbonne. Eines Tages gab er seinen Beruf auf und

widmete sich nur noch den Weinen. Seit 1991 betreibt er das Familiengut auf der Insel, das heißt 14 ha rund um Oía und dann noch weitere neun in der Nähe von Baxédes. Sieben verschiedene Weine werden hier angeboten, das Glas zu einem Euro. Teilweise tragen sie die Bezeichnung V.Q.P.R.D., die den kontrollierten Ursprung der Qualitätsweine nachweist. Jedenfalls unterliegen seine Weine strengen biologischen Richtwerten. Ein besonderer Tipp war der Mavrotragano 2004, der den Gaumen mit so außergewöhnlichen Aromen wie Pfeffer und Schokolade und einem Hauch von Brombeere verwöhnt. Eine Reifezeit von 18 Monaten in Eichenfässern verleiht wiederum dem Sigalas Mezzo eine ganz besondere Note aus Wildkirsch- und Granatapfelaromen. Zur Weinprobe werden kleine Santoriner Snacks wie schwarze Bohnen mit Kapern gereicht. Außer den Bioweinen können hier auch noch so leckere Dinge wie Honig, Favabohnen oder getrocknete Tomaten erworben werden.

Zwischen Finikiá und Baxédes • Tel. 2 28 60/7 16 44 • www.domaine-sigalas.com • im Sommer tgl. 10–21, Sa, So ab 11 Uhr

The Wave   ▶ S. 115, E 2

Natürlich kann man auch auf Santorin viel Geld für viel Ramsch loswerden, von dem man nicht immer mit Gewissheit sagen kann, wo er eigentlich herkommt. Einerseits. Andererseits haben erstaunlich viele Künstler und Kunsthandwerker aus dem In- und Ausland auf dem Eiland eine neue Heimat gefunden und sich hier niedergelassen. Eine davon heißt Uschi Schmid und stammt aus Bayern. Was den Winter über von ihr im Atelier erschaffen worden ist, kann im Sommer in ihrem Laden am Kraterrand von Oía erstanden werden. Und der Name ist gewissermaßen Programm, denn Uschi Schmid kreiert aus Schichtglas, das wie Meereswellen schimmert, Häuser, Tiere und auch Handtaschen und anderes.

Oía, beim Zugang zum Armeni Beach • Tel. 2 28 60/7 10 10 • http://wave sculpture.net • im Sommer tgl. 10–19 Uhr

AKTIVITÄTEN
Bus statt Auto

Auch auf dem vergleichsweise kleinen Santorin möchte man als Besucher unterwegs sein und etwas sehen. Doch muss es unbedingt der Mietwagen, das Zweirad oder gar das unsinnige Quad sein? Fest steht: Santorin ist in Sachen Individualverkehr längst an seine Grenzen gestoßen, und es werden trotzdem immer mehr Mietfahrzeuge angeboten, denn der Konkurrenzkampf zeitigt günstige Tarife. Als umweltschonende Alternative bietet sich gerade auf Santorin der Linienbus an. Kaum anderswo in Griechenland fahren sie so häufig bei wirklich günstigen Tarifen. Außerdem bietet der öffentliche Nahverkehr einen weiteren Vorteil: Die Busse mögen oft überfüllt und schlecht gelüftet sein, doch kommt man hier sehr schnell mit Einheimischen ins Gespräch. Außerdem spart man sich die oft lästige Parkplatzsuche, die gerade in Firá und Oía zum nervtötenden Problem werden kann, zumal die meisten Hotels keine Plätze zur Verfügung stellen können. Einziger Nachteil, auf den man sich einstellen sollte: Die zum Beispiel im Büro der Busgesellschaft am zentralen Platz von Firá angegebenen Abfahrtszeiten sind wirklich nur ungefähre Hinweise. Da-

Am liebsten Glas verarbeitet die Künstlerin Uschi Schmid in ihrem Atelier auf Santorin. Die Produkte verkauft sie im Laden »The Wave« in Oía (► S. 20).

für kostet eine einfache Fahrt nur 1,40 € bis 2 €.
Tel. 2 28 60/2 38 12 • www.ktel-santorini.gr

Fahrradtouren durch Santorin

Santorin verfügt weder über spezielle Fahrradwege, noch ist man immer und überall auf Fahrradfahrer eingestellt. Und dennoch ist die Erkundung der Insel mit dem Drahtesel ein absolut lohnendes Unterfangen. Das zeigt sich darin, dass zuerst immer häufiger Autoverleiher dazu übergingen, neben Motorrädern auch Fahrräder zu verleihen und dann pure Fahrradverleiher ihre Dienste anboten. Sicher ist dies bei Weitem noch keine Massenbewegung, aber schon angesichts der überschaubaren Größe der Insel bietet sich eine Erkundung mit dem Fahrrad an. Zwischen Mai und Oktober werden auch geführte Touren angeboten, die direkt auf die besonderen Interessenschwerpunkte und den Grad der eigenen Fitness abgestimmt werden. Besonders im Herbst, wenn es nicht mehr so heiß ist, werden die Touren gerne gebucht und tragen so zu einem nachhaltigeren Tourismus bei, den das vom steigenden Autoverkehr geplagte Santorin so dringend benötigt. Empfehlenswert sind:

– Free Ride: Kamári (Nähe Apotheke) • Tel. 2 28 60/3 37 88 • http://santorini bikes.blogspot.com/ • Fahrradausleihe 8 €/Tag (inkl. Helm, Schloss, Flaschenhalter und Karte)

– Motor Inn Rental System, Kamári • Tel. 2 28 60/37 11 65 • Fahrradausleihe ab diversen Stationen 8–10 €/Tag (inkl. Helm, Schloss und Karte), geführte Tour 30 € inkl. Fahrrad und Helm

Einkaufen

Zwischen kunsthandwerklichen Unikaten und kitschigem Tand findet sich bestimmt das passende Souvenir. Genau genommen gibt es gerade auf Santorin noch Mitbringsel mit Niveau.

◄ Firá (► S. 37) ist bei Souvenirjägern sehr beliebt, in den kleinen Gässchen shoppt es sich besonders idyllisch.

Was muss man haben, was bringt man mit? Besonders in Firá und Oía finden Sie die typischen Gässchen, in denen sich ein Souvenirshop mit Gebetskettchen, Sirtaki-Videos und Ledersandalen an den anderen reiht. In Firá ist die Auswahl natürlich größer, das Gedränge dafür umso dichter; in Oía zahlt man für den gleichen weißblauen Keramikbecher mit der obligatorischen Aufschrift »Greece« oder »Santoríni« oft ein paar Euro mehr als in der Hauptstadt, dafür ist der Spaziergang im gemütlichen alten Fischerort idyllischer.

Wer meint, die Mokkatassen oder die bunten Ikonenmalereien, die gestrickten Textilien und Decken auch schon anderswo gesehen zu haben, der täuscht sich nicht.

Keramikkünstler

Aber natürlich gibt es auch rühmliche Ausnahmen: etwa Keramikgalerien junger, engagierter Künstler, die viel Mühe und Geschick aufbringen, um Qualitätsware zu fertigen, die sich von der Massenware deutlich unterscheidet und sich als Mitbringsel wirklich lohnt.

Eine besonders interessante Keramikbrenntechnik ist die Symbiose aus japanischem Rakù und den inseltypischen Brennmaterialien. Der junge santorinische Keramikkünstler Andréas Alegfragkís fertigt in seinem Atelier in Firestofani Vasen, Amphoren, Skulpturen, Schalen und Lampen, die allesamt Unikate sind. Die für diese uralte Brenntechnik typischen Farbschattierungen entstehen durch Risse und Rauch während der starken Abkühlung. In einer Ausstellung kann man die Werke kaufen oder auch nur bewundern. Das Ceramic Art Studio befindet sich neben dem Nomikos Konferenzzentrum.

Aquarellmaler

Die weißen Häuser, das Meer, die Felsformationen mit dem dunklen Lavagestein. Diese Kombination inspiriert viele Künstler. Besonders Aquarellmaler sind hier in großer Zahl anzutreffen. Der bekannteste einheimische Aquarellmaler ist Christóforos Assimís. Er malt hauptsächlich typische Landschaftsmotive der Insel. Doch auch auf dem Gebiet der Kirchenmalerei hat er sich hervorgetan. Zu besichtigen sind diese Malereien in der Kathedrale Yapapantí. Zusammen mit seiner Frau betreibt er eine Atelierwerkstatt in Fira. Zu finden ist sie neben der oben erwähnten orthodoxen Kathedrale Yapapantí. In der »Palia Fabrica« Art Gallery kann man seine Werke und die Werke seiner Frau, der Bildhauerin Eléni Kolaítou-Assamís, käuflich erwerben.

Lederwaren und Schmuck

Ansonsten bieten sich an: **Lederwaren** aller Art, vor allem Gürtel und Handtaschen, aber auch Schuhe, Stiefel und Jacken. Hier scheidet sich ebenfalls die Spreu vom Weizen: In aller Regel sind es nicht die großen Läden in Thíras oder Oías Hauptgassen – die oft mit laut tönenden CD-Playern und »Anmache« auf Kundenfang gehen –, die echte Qualität und Originalität miteinander verbinden, sondern vielmehr die ruhigeren, oft in den Querstraßen befindlichen Ateliers, bei denen

Sonderwünsche oft zum Service am Kunden gehören.

Sowohl in Kamári als auch in Firá oder Oía werden Sie ein üppiges Angebot an **Gold**- und **Silberschmuck** finden, der in den meisten Fällen auch tatsächlich an Ort und Stelle angefertigt worden ist und sich sowohl vom Preis als auch von der Qualität her durchaus sehen lassen kann. Eine besonders schöne Auswahl findet man im Jewellery Workshop in Fira. Der Juwelier Pródromos Lipazóglou produziert seine zum Teil recht ausgefallenen Stücke in einem ehemaligen Lagerraum des Dominikanerklosters. Zwar sind die Stücke nicht gerade billig – aber dafür ersteht man hier auch etwas ganz Besonderes. Das Atelier befindet sich in unmittelbarer Nähe zum Museum Mégaron Ghízi.

Ein Tipp sind auch die vielerorts präsentierten **Ikonen**, zumal diese oft nicht von den antiken Originalen – die wiederum nicht exportiert werden dürfen – zu unterscheiden sind. Die Preise hierfür variieren allerdings enorm. Die Künstlerin Katarína Ioannídou fertigt ihre Ikonen noch auf die traditionelle Art. Die auf Olivenholz gemalten Werke sind alle handgefertigt und im byzantinischen Stil gehalten. Ihre Ausstellungsräume befinden sich am Museum Mégaron Ghízi in Fira.

Die griechische **Folklore** ist weltberühmt und selbstverständlich auch auf Santorin in Form von CDs, Videos und mittlerweile natürlich längst auch DVDs zu erwerben. **Handarbeiten** wie mit bunten Stickereien versehene Tischläufer oder spitzenbesetzte Deckchen sind mittlerweile gleichermaßen zur Massenware geworden – doch immerhin werden sie nach wie vor von den Frauen innerhalb der eigenen vier Wände gefertigt. In verschiedensten farbigen Mustern gewebte Schafwollteppiche sind meist zusammen mit Westen und Taschen aus dem gleichen Material an den Hauswänden zum Kauf aufgehängt.

Auch Kräuter und Gewürze von der Insel, getrocknetes Brot in verschiedener Form, Nüsse und Marmeladen sind beliebte Mitbringsel. Diese **Naturprodukte** werden oftmals in den Souvenirläden angeboten, man kann aber auch zunächst einmal im Supermarkt auf Schnuppertour gehen – da ist es meist billiger.

Weltberühmte Weine

Was den Kauf vor allem lohnt, sind die hervorragenden lokalen **Weine**. Obwohl auch Santorin von Wasserarmut betroffen ist, gedeihen die Rebsorten bestens. Grund: Die Böden aus Asche und Bimsstein saugen die Feuchtigkeit auf, die etwa durch die überdurchschnittlichen Verdunstungseigenschaften des kalten (weil tiefen) Calderawassers entsteht und sich wie Tau auf die Weinanbaugebiete legt. Wegen des nährstoffreichen Vulkanbodens sind die fast 40 verschiedenen Weinmarken von Santorin weltberühmt und stehen beim Export denn auch zu Recht an erster Stelle. Die Weißweine werden aus den Traubensorten Athíri, Aisáni und Asyrítiko gewonnen. Es sind meist trockene Weine; als berühmtester Weißer ist der Niktéri zu nennen, dessen Name (»níchta« bedeutet Nacht) von dem Umstand herrührt, dass die Trauben traditionell nicht lange gelagert, sondern noch in derselben Nacht gepresst werden. Nikteri hat einen ganz in-

Viel stilvoller als im Supermarkt ist es, Wein an einem der zahlreichen Straßenstände zu kaufen, die an vielen Stellen der Insel zu finden sind.

tensiven Geschmack. Der Wein besitzt eine sattgelbe Färbung und hat mit seinem Alkoholgehalt von 13–14 % eine recht berauschende Wirkung. Er ist sehr trocken und erdig, jedoch nicht sauer, sondern vielmehr leicht süß. Sein für santorinische Weine so typisches Aroma macht ihn zu einem idealen Mitbringsel. Die nicht weniger empfehlenswerten Rotweine entstehen vor allem aus der Mandilariá- oder auch aus der Mavrodrágano-Traube. Man bekommt Santorin-Wein schlicht-

weg an jeder Straßenecke, kann die verschiedenen Tropfen allerdings auch direkt in den Weinkellern (▸ S. 63, 64, 69) verkosten. Dort werden auch Aufträge für den Versand ins Ausland angenommen.

Wer etwas besonders Originelles mitnehmen möchte, füllt einfach ein klein wenig von der rötlichen **Lava-Schlacke** in ein Gläschen.

Empfehlenswerte Geschäfte und Märkte finden Sie bei den Orten im Kapitel
▸ **Unterwegs auf Santorin.**

Feste und Events

Auch auf Santorin wird gerne gefeiert, und meistens wird dies auf den Dorfplätzen getan. Die Einheimischen feiern gerne unter sich, aber ausländische Gäste sind immer willkommen.

◄ Blick in die Kuppel der griechisch-orthodoxen Kathedrale von Firá (► S. 38), die 1956 neu errichtet worden ist.

FEBRUAR/MÄRZ
Karneval

Am Rosenmontag, sieben Wochen vor dem orthodoxen Osterfest und damit während einer Zeit, in der die Insel praktisch noch ganz ohne Touristen ist, findet das alljährliche Karnevalstreiben statt.
2011: 6. März, 2012: 26. Februar

APRIL
Karfreitag und Ostern

Traditionell das größte und wichtigste Kirchenfest des Jahres, das nach dem julianischen Kalender begangen wird. Es ist vor allem ein Familienfest, wobei in die allgemeinen Feierlichkeiten zur Auferstehung Christi auch Fremde gerne mit einbezogen werden.
2011: 21. April, 2012: 15. April

MAI
Fest der hl. Irene

Ein ganz auf Santorin beschränktes Fest ist das Fest der hl. Irene, der Namenspatronin der Insel. Obwohl dieser Tag überall auf der Inselgruppe begangen wird, so ist es der gleichnamigen Kapelle auf Thirassía vorbehalten, als zentraler Ort der Feierlichkeiten zu gelten. Dies rührt der Überlieferung nach von dem Umstand her, dass die Venezianer bei ihrer ersten Landung zunächst auf diesem kleineren Teil des Archipels gelandet waren, wo nichts stand außer jener kleinen Kapelle, in der sich wiederum die Ikone der hl. Irene befand. Der Name Santorin soll demnach dem Ausspruch »Wir sind bei Santa Irina gelandet« entstam-men. Der Sage nach starb die hl. Irene um 303 n. Chr. den Märtyrertod. Heute kommen auch ehemalige Bewohner am Festtag zum Gottesdienst auf die Insel zurück, um der von einem Priester wiedergegebenen Leidensgeschichte beizuwohnen.
5. Mai

JUNI
Àgios Ioánnis Proódromos

Man feiert die Geburt Johannes des Täufers.
24. Juni

JULI
Àgios Pankrátios, Kamari

Bei diesem Fest gedenkt man des Erdbebens von 1956.
9. Juli

AUGUST
Mariä Himmelfahrt

Der Feiertag wird vor allem in der Kirche Panagía Episcopí bei Méssa Goniá feierlich begangen.
15. August

Volksfest, Firá

Mitte August steht in dem Ort alles im Zeichen des Vulkans. Während eines Volksfestes wird ein Feuerwerk entzündet, das an den Vulkanausbruch erinnern soll.
Mitte August

SEPTEMBER
Santoríni Music Festival
► MERIAN-Tipp, S. 45

OKTOBER
Òchi-Tag

An diesem Feiertag erinnert man sich an das Ultimatum der italienischen Faschisten im 2. Weltkrieg.
28. Oktober

Sport und Strände
Wer auf Santorin aktiv sein möchte, kann zwischen Rad fahren, tauchen, segeln oder wandern wählen, wobei es sich zwischen weißen Felsen und rotem Lavagestein auch gut relaxen lässt.

◄ Santorin ist ein Paradies für Radfahrer – wenn man auch für manche Strecken etwas mehr Kondition braucht.

Keine Frage: Santorin ist nichts für Urlauber, die sich am liebsten im Liegestuhl räkeln und nur ab und zu in den Pool oder ins Meer abtauchen. Das Kykladenarchipel will entdeckt werden, und zwar sowohl zu Wasser als auch zu Lande! Trotzdem wird man auch in der Hochsaison noch das einsame Fleckchen am Wasser fernab des Trubels entdecken können. Die aufwendigeren Wassersportarten wie Surfen, Tauchen oder Wasserski sind jedoch nur in den Hauptbadeorten im Angebot.

Beach life für Clevere

Wer sich im Reisegepäck den Platz für eine gute Luftmatratze freigeschlagen hat, spart eine Menge Geld für andere Ferienfreuden – zum Beispiel für ein köstliches Abendessen. Da sämtliche Strände der Insel von einem ordentlichen Wind bedacht sein können, sollte man sich auch rechtzeitig überlegen, wie man seinen Schirm oder die Strandmuschel gegen spektakuläres Wegwehen schützt. Übrigens: Falls außergewöhnliche Windverhältnisse am Strand vorherrschen, empfiehlt es sich, Einheimische nach möglichen Gefahren beim Baden zu befragen – und entsprechende Warnungen ernst zu nehmen!

RAD FAHREN

Rad fahren hat sich auch auf Santorin durchgesetzt. Einerseits kann die Insel wegen ihres – landschaftlich überaus reizvollen – Auf und Ab nicht unbedingt als ideales Fahrradrevier gelten, zumal griechische Autofahrer mit schwächeren Verkehrsteilnehmern eher wenig rücksichtsvoll umgehen. Andererseits ist Santorin so überschaubar, dass der einigermaßen geübte Radler mit seinem Sportgerät hier gut bedient ist. Empfehlenswert ist wegen der vielen Steigungen und den teilweise wenig gewarteten Straßen ein Mountainbike.

REITEN

Einige wenige Reitställe bieten auch Touristen die Möglichkeit zum Ausritt an, so zum Beispiel in Monólithos und Exo Goniá. Näheres über **Kamári Tours** in Kamári (Tel. 2 28 60/ 3 13 90, www.kamaritours.gr).

SEGELN

Wer vor den Küsten Santorins segeln möchte, muss sich auf ein vergleichsweise teures Urlaubsvergnügen einstellen, denn in der Ägäis wird darunter vor allem das Chartern von Yachten für ein oder mehrere Tage verstanden – was selbst mit mehreren Mitreisenden an Bord eher einem gut betuchten Kundenkreis vorbehalten bleiben dürfte. Nichtsdestotrotz geben die Kykladen natürlich ein fantastisches Segelgebiet für diejenigen ab, die es sich leisten können oder mit dem eigenen Boot anreisen. Allerdings bietet Santorin selbst kaum Möglichkeiten zum Ankern. Näheres über **Santorini Sailing Center** in Imerovígli (Tel. 2 28 60/2 38 91, www.sailsgreece.com).

SURFEN

An den Stränden von Kamári und Períssa gibt es eine ganze Reihe von Möglichkeiten, sich ein Surfbrett auszuleihen. Allerdings sollten Sie die Windvorhersagen genau beachten, denn ausgerechnet in den Hochsommermonaten Juli und August fegen die unter Surfern und Seglern berüchtigten Meltémi-Winde über die Kykladen.

WANDERN

Besonders reizvoll sind natürlich Spaziergänge entlang des Kraterrandes. Doch auch auf der nahezu menschenleeren Insel Thirassía oder rund um den höchsten Gipfel Santorins lädt die Natur zu faszinierend schönen Wanderungen ein.

Am lieblichsten präsentiert sich die Insel im Frühjahr, wenn die Natur vor der großen Hitze noch ihre volle Blütenpracht zeigen darf.

STRÄNDE

Santorin ist praktisch zweigeteilt: An der Westseite bestaunt man den Kraterrand mit seinem unglaublichen Panorama, und auf der »Rückseite« der Insel geht man baden. Genau genommen ist die gesamte Ost- und Südküste ein einziges großes Badeparadies. Der einzige Unterschied zwischen den einzelnen Stränden besteht darin, dass der Sand mal mehr und mal weniger grobkörnig ausfällt. Grundsätzlich gilt: Badeschuhe anziehen, denn der dunkle Vulkansand wird sehr heiß!

Baxédes   ▸ S. 115, F 1

Wenn man möglichst einsam sonnenbaden will, ist diese Bucht ideal. Aber aufgepasst: Hier befinden sich zahlreiche Steine und Felsen knapp unter der Wasseroberfläche!

Etwa 3 km nördl. von Oía. Vom Ort aus ist der Strand gut zu Fuß zu erreichen.

Kamári   ▸ S. 121, E 14

Ein schöner, aufgeräumter Strand direkt im Dorf mit allen Annehm-

Eine schöne Wanderroute auf naturbelassenen Wegen, bei der man einen traumhaften Ausblick genießt, verläuft oberhalb von Aríssa (▸ S. 77) Richtung Alt Thera.

lichkeiten eines gewachsenen Ur-
laubsortes. Hier werden sowohl Liegestühle als auch Sonnenschirme
vermietet, und wenn der kleine oder
große Hunger kommt, sind es stets
nur ein paar Schritte zur nächsten
Taverne. Tretbootverleih. Von Firá
aus mit dem Bus zu erreichen.

Períssa ▸ S. 121, D 15

Am Fuße des Südhangs des Berges
Mésa Vounó liegt das zweite große
Urlauberzentrum der Insel. Die drei
Strände Períssa, **Perívolos** und
Ágios Geórgios gehen hier ineinan-
der über. Zum eindrucksvollen
Wassersportangebot gehört neben
Wasserski, Windsurfing und Tret-
bootverleih auch eine Tauchschule.
Entsprechend ist hier das Aufkom-
men an Touristen. Doch wegen der
Größe des Strandes verteilt sich der
ganze Trubel in einem verträglichen
Maß.

Red Beach   ▸ S. 119, E/F 12

Der »rote Strand« südlich von **Akrotíri** ist bei Einheimischen und Touristen gleichermaßen beliebt. Faszinierend wird die Szenerie durch die
rot leuchtenden Lavafelsen, von denen die Bucht umrahmt wird. Allerdings ist der Weg hierher – man läuft
durch teilweise sehr unwegsames
Gelände um ein Kap herum – nichts
für Gehbehinderte. Beim Baden bitte aufpassen, denn unter der Wasseroberfläche gibt es einige kantige
und spitze Steine!

Von Firá aus mit dem Bus nach Akrotíri (Ausgrabungsstätte), von dort aus
noch etwa 10–15 Min. zu Fuß

Vlicháda ▸ S. 120, B 16

Der saubere Strand westlich des südlichsten Inselpunktes zwischen Red
Beach und Períssa ist nicht so frequentiert wie die bekannten Badeor-
te. In der Nähe lohnt ein hübscher
Fischereihafen einen Abstecher.
Von Firá mit dem Bus nach Períssa
oder Emborió, von dort zu Fuß in etwa
20–30 Min. zum Strand von Vlicháda

White Beach ▸ S. 119, E 12

Ein Strandtipp für alle Trubelflücht-
linge: Die vergleichsweise Einsam-
keit am **Áspri Paralía** rührt daher,
dass man ihn nur mit dem Boot erreichen kann (stündliche Abfahrt
am Hotel Akrotíri südlich der Ausgrabungsstätte). Der Sand unter den
Füßen wird hier nicht ganz so heiß
wie an den schwarzen Stränden etwa
in Kamári oder am Red Beach.

Familientipps Wer nach Seilbahnfahrt und Wasserschlacht noch Puste hat, kann »alte Steine« gucken gehen oder sich auf abenteuerlicher Fahrt mit dem Badeboot zum familiären Strand schippern lassen.

◄ Für Kinder sicherlich eine besondere Attraktion: der Maultierritt (► S. 33) vom Alten Hafen hinauf nach Firá.

Maultierritt ► S. 39, a/b 3

Die Tiere, die tagtäglich übergewichtige Touristen die ultrasteilen Serpentinen vom Kai hoch nach Firá schleppen müssen, werden froh sein, wenn sie zwischendurch einmal ein Federgewicht auf ihrem Rücken haben können. Auch wenn die Eseltreiber nicht immer nett zu ihren Tieren sind, bleibt der Ausritt im Sattel für die Kleinen ein bleibendes Erlebnis. Man sollte allerdings darauf achten, dass nicht gerade ein Kreuzfahrtschiff »verarztet« werden muss, denn dann herrscht auf dem steilen Weg helle Aufregung, zu diesem Zeitpunkt machen die Treiber natürlich ihr größtes Geschäft.
Firá, am Alten Hafen • Eselritt 4 €/Strecke

Santoríni Water Park
► S. 121, D 15

Mit einem Fun-Bad nach mitteleuropäischen Dimensionen kann das kleine Spaßbad mit seinen gerade einmal drei Rutschen (die auch noch recht kurz sind) schwer verglichen werden und eigentlich auch nicht mit dem, was die übrigen griechischen Inseldestinationen zu bieten haben, dazu ist der Water Park einfach etwas zu klein. Nichtsdestotrotz: Diese Einrichtung wendet sich speziell an Familien mit Kindern. Drei Swimmingpools gibt es hier, außerdem genügend Liegestühle und Sonnenschirme. Ab und zu wird hier auch ein Animationsprogramm geboten. Eine Snackbar und ein Restaurant sorgen für das leibliche Wohl der Gäste.

Períssa, Ortsteil Limnes, etwas abseits des Strandes • Tel. 2 28 60/8 33 11 • www.santoriniwaterpark.gr • Eintritt 7 €, Kinder 3,50 €

Seilbahn 🚩 ► S. 39, a/b 2/3

Eine tierfreundliche Alternative für den Weg zwischen dem Alten Hafen und dem Hauptort Firá ist auf jeden Fall die eindrucksvolle Fahrt mit der Seilbahn. In den verglasten Kabinen dauert es allerdings nur zwei Minuten, bis man eine Strecke bewältigt hat. Dafür sind auch die Kinder schnell beeindruckt von dem einmaligen Blick auf den Hafen und auf den Kraterrand. Und mit der Fahrt tut man sogar etwas für soziale Zwecke – einen Teil der Einnahmen führen die Betreiber an wohltätige Einrichtungen in ganz Griechenland ab.
Firá • tgl. 6.30–24 Uhr, alle 20 Min. (in Stoßzeiten auch alle 5 Min.) • Ticket pro Strecke 4 €, Kinder 2 €

Zum Baden mit dem Badeboot

Auch wenn die Strände des Red Beach und des White Beach vielleicht keine Eldorados zum Sandburgenbauen sein mögen, kann man hier dennoch auch mit Kindern ein paar schöne Badestunden verbringen, weil es hier sehr familiär zugeht. Und warum nicht den Weg von Kamári mit dem Badeboot nehmen, das mehrmals täglich vom beschilderten Strandabschnitt um den südlichen Zipfel der Insel fährt? Die Bootsfahrt allein ist schon einen Ausflug zu den Stränden wert.
Auskunft: Kamari Tours, Kamári • www.kamaritours.gr • Fahrpreis 10 €

🚩 Weitere Familientipps sind durch dieses Symbol gekennzeichnet.

Vom hoch oben am Kraterrand gelegenen Örtchen Firá (▶ S. 37) bietet sich immer wieder ein traumhafter Blick auf die Caldera und das Meer.

Unterwegs
auf Santorin

Urlauber finden auf Santorin gleichermaßen Hochkultur und Badevergnügen, Müßiggang und Abenteuer, viel Ruhe und abwechslungsreiche Unterhaltung.

Der Norden

Der Norden Santorin präsentiert sich im Norden als Fest für die Sinne, mit einem Götterblick auf die Caldera und einsamen Stränden für Genießer. Quirliges Leben wird dagegen im Hauptort Firá geboten.

◄ Die kleine weiße Kapelle, Ágios Ioannis geweiht, liegt unterhalb von Imerovígli mit Blick auf den Skáros-Felsen (▸ S. 48).

Der Norden

Die Inselmitte

Der Süden

Ohne Zweifel ist der unvergleichliche Kraterrand das Highlight der ganzen Insel. **Firá**, der verwinkelte Hauptort mit seinem vom Tourismus diktierten Angebot an Hotels, Restaurants und Shops, gibt dabei das unbestrittene Zentrum ab. Hier ist die Auswahl natürlich am größten – auch für Unternehmungslustige, bei denen der Tag nach Sonnenuntergang noch lange nicht vorbei ist. Oder für jene Urlauber, die auch etwas über die Geschichte ihres Reiseziels erfahren wollen und eines der Museen besuchen.

Oía, früher ein bedeutender Seefahrerstützpunkt, hat sich inzwischen längst an die Rolle gewöhnt, Santorins Juwel zu sein – auch vom Preis her. An der Nordostküste wird es zwischen Brachland und Küste plötzlich menschenleer: Fluchtpunkt für all diejenigen, die zwischendurch auch mal die Abgeschiedenheit suchen. Sei es bei einem längeren Spaziergang am Kraterrand oder am ungezähmten Kieselstrand.

Firá
▸ S. 116, B 8
2100 Einwohner
Ortsplan ▸ S. 39

In der Hochsaison geht es hier zu wie in einem Taubenschlag: wildes Geschnatter in den verschiedensten Sprachen. Basaratmosphäre … Dabei rührt das emsige Treiben meistens von angelandeten Kreuzfahrern her, die, weil ihr Schiff nur für wenige Stunden vor Anker liegt, sofort zum Shopping in die kleinen Gassen strömen. Das geht stoßweise vonstatten, bis der nächste Luxusliner

zur Stelle ist. Zwischendurch kehrt so etwas Ähnliches wie Ruhe ein. Das geschäftige Labyrinth aus Gassen, in den Wintermonaten still wie ein Museum und in den Sommermonaten ein buntes Gesamtkunstwerk aus Boutiquen, Läden, Restaurants und Cafés, es könnte fast überall in Griechenland anzutreffen sein. Aber auch nur fast. Denn wenige Schritte abseits der touristischen Trampelpfade bietet sich der unverwechselbare Ausblick auf die **Caldera** an, der auf der ganzen Welt absolut einmalig ist.

WUSSTEN SIE, DASS …

… Santorin eigentlich nur einen Ort besitzt, der Züge einer Stadt hat, den Hauptort Firá? Alle anderen Orte haben eher den Charakter kleiner Siedlungen.

Vom Meer aus besehen, wirkt der Hauptort Santorins wie weißer Zuckerguss, der ein wenig über den Rand eines Kuchens gelaufen ist. Wer vom Nachbarort Imerovígli auf Firá hinüberschaut, blickt auf ein verspielt wirkendes Häusermeer unterschiedlichster Formen und Far-

MERIAN-Tipp

MATI ART GALLERY ▸ S. 39, b 5

Zu einer Insel gehört der Fisch und auf Santorin auch in die Kunst. Das haben sich auf jeden Fall vor 21 Jahren die Künstler um Yórgos Kýpris einfallen lassen und eine ziemlich einzigartige Galerie gegründet. Der Fisch als Nutzobjekt des Menschen kommt hier in allen möglichen Formen und Arten vor, zum Hinstellen, Aufhängen und Anschauen. Als Materialien werden überwiegend Eisen oder Stahl verwendet, zuweilen wird auch mit Gold, Silber und Bronze gearbeitet. Nicht gerade billig, aber dafür exklusiv!

Firá, neben der orthodoxen Kathedrale • Tel. 2 28 60/2 38 14 • www.matiartgallery.com

SEHENSWERTES

Kathedrale Ypapánti (Maria Lichtmess) ▸ S. 39, b 5

Das Gotteshaus Metropolis, das hier einst stand, fiel wie so viele andere Bauten dem Erdbeben von 1956 zum Opfer. Wegen seiner gewaltigen Kuppel erinnert der heutige orthodoxe Kirchenbau – er gehört zu den größten Gotteshäusern der Kykladen – entfernt an eine Moschee. Beeindruckend ist nicht nur der seitliche Arkaden-Vorhof mit dem Glockenturm, sondern auch das Innere der Kathedrale. Neben den enormen Kristallleuchter stechen die farbenfrohen Malereien des Malers Christóforos Assimís ins Auge.

Katholisches Viertel ▸ S. 39, b/c 1/2

Es hat etwas von einem Fremdkörper und passt doch wie ein besonderes Schmuckstück in das von gewölbten Dächern gekennzeichnete Häusermeer Firás. Der Stadtteil nördlich des Zentrums rührt ursprünglich aus der venezianischen Epoche her, als sich der katholische Glaube auf den Kykladen Raum schaffte. Auf dem vor Imerovígli aus dem Boden ragenden Skáros-Felsen hatten Dominikanernonnen Ende des 16. Jh. ein Kloster gegründet. 1811 verließen die letzten Glaubensschwestern das Gebiet und zogen in das seit dem 18. Jh. im Aufbau befindliche neue Viertel in Firá. Jesuiten wie Dominikaner sahen ihren einstigen Einfluss auf den Kykladen merklich zurückgehen, weshalb die Katholiken ihre Ressourcen an einem Ort bündelten: Schulen, Krankenhäuser und Bildungseinrichtungen wurden im heutigen Hauptort der Insel etabliert.

ben: Orientalisch wirkende Bauten mischen sich unter bunt angestrichene Höhlenhäuser, verschieden geformte Glockentürme kontrastieren mit himmelblauen Kirchenkuppeln. In das Ensemble fügen sich allerlei Treppen und Aufgänge ein – ein hübsches, lockeres Siedlungsdurcheinander in luftiger Höhe.

Spuren des schweren Erdbebens vom Jahre 1956 sind hier indes nicht mehr anzutreffen, denn die Stadt, im Jahre 1806 von ehemaligen Siedlern aus der Region um den Skáros-Felsen gegründet, ist im Laufe der Jahrzehnte sorgfältig restauriert worden. Sehenswert sind in Firá also nicht unbedingt einzelne Besonderheiten, sondern vielmehr der Hauptort als »Gesamtkunstwerk« – und dazu gehört auch sein grandioser Ausblick.

Firá

a · b · c

Pétros M. Nomikós
Kongresszentrum

Katholisches
Viertel

Katharinenkloster

Ágios Ioánnis
Baptistis

Seilbahn

Museum
Mégaron Ghizi

Enthrou Stavrou

25. Martíou

Archäologisches
Museum

Agíou Mína

Seilbahn

Ypapantis

Limáni
Skála

Ágios
Nikólaos

Hafen-
behörde

25. Martíou

Pl.
Theoto-
kopoúlou

Kathedrale
Ypapánti

Bus-
Fahrscheine

Ágios Minás

Agiou Mína

MATI art Gallery

Prähistorisches
Museum

Decigala

Haltestelle der
Touristenbusse

Krankenhaus

Ágios Ioánnis

Polizei

N

0   90 m

Decigala

Rathaus

© MERIAN-Kartographie

b · c

Heute sind nur noch zwei Prozent der Einwohner bekennende Katholiken. Aber ihr Viertel lohnt nach wie vor einen Besuch: Sehenswert sind hier sowohl die kleine Kathedrale **Ágios Ioánnis Baptistís** als auch das **Katharinenkloster** der Dominikanerinnen. Das Gotteshaus, 1823 erbaut, wurde durch das schwere Erdbeben vom 9. Juli 1956 ebenfalls schwer beschädigt und konnte erst 29 Jahre später neu geweiht werden: Umständliche Reparaturarbeiten waren erforderlich gewesen. Zugegeben: Man sieht es dem schlichten Inneren des Gebäudes nicht direkt an.

Sehr schön soll das Kloster sein – leider ist es für die Öffentlichkeit nicht zugänglich. Nur die klostereigene Kirche nebenan ist – neben den regulären Andachten – vormittags und ab dem späten Nachmittag für Besucher für einige Stunden geöffnet. Aber im Grunde genügt auch ein gemächlicher Bummel durch das Viertel, um einen Eindruck von der vergangenen Epoche zu gewinnen.

Limáni Skála – der alte Hafen

▸ S. 39, a 3

Nein, mit den Landungsbrücken in Hamburg oder Piräus kann die kleine Bucht wahrlich nicht mithalten. Wenn nicht gerade in Sichtweite eines der zuweilen unglaublich riesigen Kreuzfahrtschiffe an die Bojen gelegt wurde und – vor allem amerikanische – Touristen mittels Barkassen angelandet werden (und deshalb auf der betonierten Mole ein heilloses Gedrängel herrscht), kann es hier unten zwischen Schiffsschrottresten, schaurig- verrosteten Ankerketten und leeren Ausflugsboot-Anlegern ziemlich öde und einsam sein. Und trotzdem (oder gerade deswe-

Der Fisch als Kunstobjekt in allen möglichen Formen und den unterschiedlichsten Materialien ist in der MATI art Gallery (▸ MERIAN-Tipp, S. 38) zu bewundern.

gen) hat Firás früheres Tor zur Welt ein ganz bestimmtes Flair. In der Seilbahnstation erzählen einige alte Schwarz-Weiß-Fotos von Zeiten, als hier noch große Frachter anlegten und dabei die halbe Inselbevölkerung zur Stelle war. Am Nordende der Hafenbucht sieht man ein katholisches Kastell aus der Kraterwand herausragen. Es wurde im 13. Jh. erbaut und im Zweiten Weltkrieg von den italienischen Besatzern als Schaltzentrale genutzt. Im Süden wacht der heilige Nikólaos über den Frieden und die eine oder andere Kiste voller Waren, die sonst vielleicht abhanden käme.

Die Besitzer der Tavernen und Kaffeehäuser freuen sich, wenn die Langeweile einmal durch einen Gast unterbrochen wird. Doch hier sitzt man natürlich am besten, wenn wieder ein »Pott« eingetroffen ist und man dem Schauspiel in Begleitung eines Oúzo oder Kaffees beiwohnen kann. Die Benutzung der Seilbahn kostet übrigens 4 € pro Fahrt. Doch wenn nicht gerade Rushhour ist, wird der entscheidende Startknopf erst wieder gedrückt, wenn Dimitri Lust dazu verspürt …

Seilbahn 👫 🔺 ▸ S. 39, a/b 2/3
▸ Familientipps, S. 33

MUSEEN
Archäologisches Museum
▸ S. 39, b 2/3

Sehr nüchtern und etwas unmotiviert präsentiert sich diese Ausstellung, für die es an der Kasse leider auch keinen Führer gibt, sodass dem Laien nur der Versuch übrig bleibt, sich für die meist unbeschrifteten Gefäße, Skulpturen und Büsten zu begeistern. Was schwierig sein kann,

denn die Zahl der Ausstellungsstücke ist in Anbetracht der marginalen Raumgröße ziemlich üppig. Die meisten Exponate rühren von Funden aus der Ausgrabungsstätte von Alt Thera (▸ S. 60). Deswegen findet sich hier auch eine Tafel, die zum Gedenken an den deutschen Leiter und Finanzier der Ausgrabungen, Baron Friedrich Wilhelm Hiller von Gaertringen, angebracht worden ist.

Am Anfang des Rundgangs stehen archaische Urnen und Amphoren aus der Zeit des 8. und 7. Jh. v. Chr., die oft mit geometrischen Mustern versehen wurden. Eine etwa 30 cm große Terrakottafigur, die eine Trauernde darstellt, gilt als einer der wertvollsten Schätze des Museums. Ferner werden die Grabbeigaben eines Kindes gezeigt, darunter Spielzeug aus der genannten Zeit. Im zweiten Raum findet man eine Reihe von Skulpturen aus römischer und hellenistischer Zeit. Im Innenhof sind u. a. Steinarbeiten aus Alt Thera ausgestellt, etwa eine Säule mit Inschrift.

In unmittelbarer Nähe zur Seilbahnstation • Di–So 8–13 Uhr • Eintritt 3 €

Museum Mégaron Ghízi
▸ S. 39, b 2

Das Gebäude aus dem 17. Jh. gehörte einst der wohlhabenden venezianischen Familie Ghízi und zählt heute zu den ältesten Häusern in Firá. Auch dieses Anwesen wurde beim Erdbeben stark in Mitleidenschaft gezogen, doch die katholische Kirche, die das Gebäude vom letzten Familienmitglied übertragen bekam, hat es im Laufe der Jahre restauriert und ein Museum daraus gemacht. Zu sehen gibt es hier jede Menge

Zeitdokumente, Fotografien und Drucke, die im Zusammenhang mit den Aktivitäten des Vulkans stehen, ein ganzer Raum ist indes dem Erdbeben gewidmet. Außerdem kann man Geschichtliches über die Diözese Santorins in Erfahrung bringen. Auch der architektonisch sehr schöne **Innenhof** lohnt einen Blick.

In direkter Nachbarschaft (100 m nördlich) zum Archäologischen Museum • Mai–Okt. Di–So 10.30–16 Uhr • Eintritt 2,50 €

Prähistorisches Museum

▶ S. 39, c 5

Eine sehr ergiebige Ausstellung für alle, die sich ein Bild von der kulturellen, aber auch geologischen Entstehungsgeschichte der Insel machen möchten. Der Aufbau der Stadt **Akrotíri** (▶ S. 71) steht hier im Mittelpunkt, aber man bekommt auch insgesamt einen guten Einblick in die kykladische Epoche, zu der die Exponate in Gestalt von Gebrauchsgegenständen wie Lampen, Becher und Töpfe ebenso gehören wie Schmuck aus Gold oder Elfenbein. Beeindruckend sind die vier Wandmalereien, die man fast unversehrt aus der verschütteten Stadt geborgen hat. Zwar wird (auf Englisch und Griechisch) teilweise detailliert die Rolle des Hafens im Mittelmeer-Kontext beschrieben, und auch die Erläuterungen über den Aufbau der Stadt, die hier als Modell nachgebildet wurde, sind sehr hilfreich. Aber für wirklich interessierte Besucher lohnt sich die Inanspruchnahme eines Führers, der über das Museum vermittelt werden kann.

Leider fehlt dem erst im Frühjahr 2000 eröffneten Haus jegliche Klimatisierung, sodass die Luft in den fensterlosen Räumen etwas stickig ist. Für den Rundgang durch die Ausstellung sollte man sich wenigstens eine Stunde Zeit nehmen.

Zwischen Busbahnhof und Hotel Atlantis • Tel. 2 28 60/2 32 17 • Di–So 8.30–20 Uhr • Eintritt 3 €, Karte gilt auch für das Archäologische Museum

SPAZIERGANG

Ortsplan ▶ S. 39

Wie die ganze Insel, so ist auch die Haupt-»Stadt« überschaubar, weshalb auf einem Spaziergang, der je nach Lust und Laune zwischen einer und zwei Stunden dauern kann, alles Wichtige erkundet wird.

Sie starten am **Busbahnhof**, genauer gesagt: an der südlich gelegenen Straßenkreuzung. Dort nehmen Sie den Weg, der in einer Kurve am **Prähistorischen Museum** vorbeiführt, und stoßen anschließend rechts auf die **Kathedrale**, während links gegenüber der weiße Prachtbau des Hotel Atlantis vor Ihnen aufragt. Vom Platz daneben haben Sie schon einen grandiosen Ausblick über den Ort Firá und die Caldera. Unten erkennt man den kleinen Hafen.

Links führt (für einen kurzen, aber lohnenswerten Schlenker) der erste Treppenweg hinunter, wo wiederum links eine kleine weiße Kapelle steht, die **Ágios Ioánnis**. Sie halten sich von hier in nördlicher Richtung und gelangen zu einer weiteren Kapelle, **Ágios Mínas**. Über den Stufenweg kommen Sie wieder zur Vorderseite des Atlantis, nämlich auf die gepflasterte Promenade Odós Ypapántis, und bestaunen von hier aus noch einmal den modernen Kathedralenbau.

An der Promenade nordwärts reihen sich Tavernen, Cafés und teil-

Eine Seilbahn (▶ S. 33), wie man sie aus den Skigebieten Österreichs kennt, bringt den Besucher vom Alten Hafen nach oben zum Kraterrand, Traumblick inklusive.

weise sehr überteuerte Boutiquen wie Perlen einer Kette aneinander. Sie machen einen Umweg über die nächste Querstraße rechts und kommen so auf die weitläufige **Platía**. Hier, auf dem Hauptplatz von Firá, herrscht meist aufgeregtes Treiben zwischen Cafés und Schnellrestaurants. Sie nehmen die nächste Gasse wieder nach links und freuen sich darüber, dass man den Ortskern von Firá noch nicht autogerecht ausgebaut hat. In den nahe gelegenen Querstraßen stoßen Sie auf zahllose

kleine Obst- und Getränkeläden. Geradeaus weiter gelangen Sie zum legendären Serpentinenweg **Odós Spýridon Marinátos**, der über 587 Stufen hinab zum Hafen führt. Ist gerade ein Kreuzfahrtschiff oder eine Fähre eingetroffen, werden Sie es hier mit regem Gegenverkehr in Gestalt von Maultieren zu tun haben, die den Touristen als Reittiere den mühsamen Weg nach oben erleichtern.

Setzen Sie sich unten am Hafen in eines der Cafés oder auf die Mole und sehen Sie dem bunten Treiben zu. Wenn gerade kein Schiff zur Stelle sein sollte, können Sie die fast unwirkliche Ruhe und den unglaublichen Umkehrblick nach oben auf den über den steilen Hang hinausragenden Ort genießen.

Die österreichische Seilbahn bringt Sie später in drei Minuten wieder nach oben – wahlweise auch eines der Maultiere, deren Besitzer überaus geschäftstüchtig agieren.

Nach dem Aus- bzw. Abstieg geht es durch einen Stationsgang, und dann stehen Sie schon wieder mitten drin im Gewühle – nun aber etwas weiter nördlich als vorhin.

Wenn Sie zur Linken etwas den Hang hinuntergehen, treffen Sie gleich an der Ecke auf das **Archäologische Museum**. Von dort aus sind es nur wenige Meter in nördliche Richtung zum **Ghízi-Museum**, das ebenso einen Besuch lohnt.

WUSSTEN SIE, DASS...

... der Vulkan-Ausbruch, der sich vermutlich zwischen 1627 und 1600 v. Chr. ereignet hat, der größte bis heute bekanntgewordene seiner Art ist? Er zerriss die Insel in mehrere Teile.

Hier beginnt auch das **Katholische Viertel**, das, außer mit seinen weithin sichtbaren Kirchen, mit großen Herrschaftshäusern und pittoresken Innenhöfen aufwartet.

Von hier aus können Sie sich dann noch auf die Wanderung an der Kraterrandgasse nach **Firostefáni** oder nach **Imerovígli** aufmachen. Oder Sie schlendern gemütlich durch die vielen kleinen engen Gassen Firás. Dauer: 1–2 Std.

ÜBERNACHTEN

Atlantis 🏛🏛 ▶ S. 39, b 5

Luxus Pur • Das Traditionshaus im Ort. Ein großer, innen von zwei amerikanischen Stararchitekten entworfener weißer Kubus direkt am Kraterrand mit entsprechender Aussicht und allem nur erdenklichen Luxus.

Südl. der Kathedrale Ypapánti • Tel. 2 28 60/2 22 32 • www.santonet. gr/hotels/atöantis/ • 25 Zimmer • ♿ • €€€€

Kavalari 🏛🏛 ▶ S. 39, b 5

Charmantes Quartier • Früher die Herberge eines Kapitäns, heute ein überraschend großzügig ausgestattetes Hotel; geräumige Zimmer, teilweise mit Küche.

Agíou Mina • Tel. 2 28 60/2 24 55 • www.kavalari.com • 12 Zimmer • €€€

Studios Caldéra ▶ S. 39, b 4

Familiär geführt • Pension mit einem sehr guten Preis-Leistungs-Verhältnis. Freundlich eingerichtete Zimmer; auf der schönen Terrasse mit Calderablick wird auch das Frühstück serviert.

Agíou Mina • Tel. 2 28 60/2 51 66 • www.calderastudios.com • 10 Zimmer • €€€

Kéti ▶ S. 39, a 5

Tolle Aussicht • Preisgünstige Alternative für alle, die nicht auf den Calderablick verzichten möchten. Die Zimmer sind einfach, aber ausreichend eingerichtet (Kühlschrank). Das Frühstück ist nicht sonderlich üppig, aber okay.

Direkt neben der Kirche Ágios Minás • Tel. 2 28 60/2 23 24 • www.hotelketi. gr • 7 Zimmer • €€

Tatáki
▸ S. 39, b 4

Gut und günstig • Auf sympathische Weise schrullig-nettes Hotel, geführt von einem ebensolchen älteren Ehepaar. Sehr einfacher Standard, aber gepflegt.

Nörd. der Platía links auf dem Treppenweg Richtung Kraterrand • Tel. 2 28 60/2 23 89 • www.tataki.gr • 11 Zimmer • €€

ESSEN UND TRINKEN

Wer in Firá an Essen denkt, stellt sich dazu meistens einen Tisch mit Aussicht vor. Das wissen auch die Wirte am Kraterrand – und nutzen dies zuweilen schamlos aus. Doch gerade auch bei einem so riesigen gastronomischen Angebot wie in der Inselhauptstadt finden sich Perlen. Man kann sie auch am Kraterrand entdecken, aber in der Regel verstecken sie sich eher in den hinteren Gassen.

Koukoumávlos
▸ S. 39, b 5

Feines mit Aussicht • Krebse in einer Sauce aus weißer Schokolade, Ingwer und Limonen, Keftédes aus griechischem Käse in einer Komposition aus Vanille, Mandarinen und Blaubeeren … Nein, das Souvláki-Einerlei ist Níkos Sache nicht! Schöne Räume, Terrasse mit Ausblick, gut sortierter Weinkeller. In jeder Hinsicht darf es hier etwas mehr sein, auch beim Preis.

Nahe der Kathedrale • Tel. 2 28 60/ 2 38 07 • www.koukoumavlos.eu • Sa und So Reservierung empfehlenswert • €€€€

Náoussa
▸ S. 39, c 2

Die Familie als Koch • Chef Kóstas war lange in Deutschland und kommt deshalb mit vielen Gästen

MERIAN-Tipp

SANTORÍNI MUSIC FESTIVAL
▸ S. 39, a/b 1

Es lohnt sich immer, Santorin Anfang September zu besuchen, denn zu diesem Zeitpunkt findet das anspruchsvolle Musikfestival in Firá-Firostefáni statt. Geboten werden vor allem klassische Konzerte international bekannter Künstler, aber auch Folkloregruppen aus Griechenland treten auf. Das aktuelle Programm liegt in den Reiseagenturen vor Ort aus.
Firá, Pétros-Nomikós-Kongresszentrum • Tel. 2 28 60/2 31 66 • www.santorini.info/music-festival

ins Gespräch. Von der Terrasse blickt man auf das lebhafte Treiben in der Odós Erithroú Stavroú, nachdem man zwischen erstklassigen griechischen Spezialitäten gewählt hat.

Neben dem Archäologischen Museum • Tel. 2 28 60/2 48 69 • www.naoussa-restaurant.gr • tgl. ab 12 Uhr • €€

Bon Jour
▸ S. 39, c 4

Jung und luftig • Kneipenrestaurant zum Draußensitzen. Ideal für den kleinen Hunger zwischendurch, denn hier gibt es eine große Auswahl verschiedenster Snacks. Günstig, daher vorwiegend junges Publikum.

An der Platía • www.bonjour-santorini.com • tgl. ab 11 Uhr • €

Classico
▸ S. 39, b 5

Tische mit Aussicht • Drei Terrassen mit Calderablick, abends sehr voll, manchmal etwas windig. Große Auswahl an Kaffeespezialitäten und auch einige Kuchen. Die Küche ist hauptsächlich italienisch.

Wenige Schritte von der Kathedrale • www.santorini-classico.gr • tgl. ab 10 Uhr • €

EINKAUFEN

Das Angebot an Shops und Boutiquen ist in Firá ähnlich inflationär wie in anderen beliebten Ferienorten auf der ganzen Welt. Schmuck und Keramik stehen neben den allgegenwärtigen Souvenirs im Vordergrund, wenn man die Ladenzeilen am Kraterrand abmarschiert. Vieles ist maßlos überteuert, schlichtweg Kitsch – und vor allem gar nicht in Santorin hergestellt worden. Ausnahmen bestätigen die Regel.

Ikonenwerkstatt   ▸ S. 39, b 2

Bei Frau Ioannídou, die nach alter Tradition Ikonen anfertigt, lohnt sich ein Besuch auf jeden Fall. Der Laden kann auch als Ausstellung betrachtet werden.

Beim Ghízi-Museum

AM ABEND

Kira Thirá   ▸ S. 39, c 4

Der Jazz-Club von Firá! Die Musikkneipe von Dimítrios Tsavdarídis ist nicht nur gemütlich, sondern hebt sich wohltuend vom Techno-Gehämmere der anderen »Musiktempel« im Ort ab. Regelmäßig werden Liveauftritte veranstaltet.

An der Hauptgasse • tgl. ab 17 Uhr

Koo Club   ▸ S. 39, c 4

Nach wie vor die In-Disko in Firá. Hell und geräumig durch hohe Decken. Am Wochenende voll wie eine Sardinendose.

An der Hauptgasse • www.kooclub. gr • tgl. ab 18 Uhr

SERVICE
AUSKUNFT

Da es auf Santorin bislang noch kein Büro der E.O.T. (Griechische Zentrale für Fremdenverkehr) gibt, ist man auf die verschiedenen Reiseagenturen vor Ort angewiesen, die meistens nicht nur dann engagiert zu Werke gehen, wenn ein Geschäft zu erwarten ist. Natürlich können hier beispielsweise auch Bootstouren zu den Kaméni-Inseln (▸ S. 84) gebucht werden (z. B. Santorama Travel, Tel. 2 28 60/2 31 77, www.santorama.gr).

VERKEHR
Taxi   ▸ S. 39, c 5

Taxis findet man zwischen Platía und Busbahnhof.

Tel. 2 28 60/2 25 55

Ziele in der Umgebung
◎ **Firostefáni**   ▸ S. 116, B 7

300 Einwohner

Auf halbem Wege nach Imerovígli gelegen, bietet das ans katholische Viertel angrenzende Dorf, noch zu Firá gehörig, ein beruhigendes Kontrastprogramm zum Trubel im Zentrum des Hauptortes. Hier findet sich keine Ladenzeile mit dem üblichen Souvenir-Angebot und auch kein überbordendes Angebot an Tavernen oder Cafés. Zwar haben sich auch in Firostefáni am Kraterrand Hotels und Pensionen breitgemacht, dennoch geht es hier vergleichsweise ruhig zu.

SEHENSWERTES
Pétros-Nomikós-Kongresszentrum   ▸ S. 39, a/b 1

In dem klassizistischen Gebäude werden die aufwendigen Reproduktionen der insgesamt 40 Wandmale-

reien aus Akrotíri (▸ S. 71) gezeigt. Hin und wieder finden hier auch kulturelle Veranstaltungen statt.
An der Kraterrandgasse nördl. des Katholischen Viertels • Tel. 2 28 60/ 2 30 16 • www.therafoundation.org • Mai–Okt. tgl. 10–20 Uhr • Eintritt 3 €

ÜBERNACHTEN

Agáli Houses 👫👤

Kinderfreundlich • Ein besonders erlesenes Ambiente zeichnet dieses Aparthotel aus. Alle Zimmer sind sehr aufwendig eingerichtet. Sehr schöner Pool.
Am Caldera-Rand • Tel. 2 28 60/ 2 33 97 • www.agalihouses.gr • 8 Studios • €€€

Hotel Cliff Side Suites

▸ grüner reisen, S. 19

Sunset

Solide • Die Zimmer sind schlicht, aber mit Panoramaterrassen versehen. Wer kein Vermögen ausgeben und trotzdem in exquisiter Lage wohnen möchte, ist hier richtig.
Am Caldera-Rand • Tel. 2 28 60/ 2 30 46 • www.sunsethotel.gr • 9 Zimmer • €

ESSEN UND TRINKEN

Mama's Cyclades   ▸ S. 39, c 1

Beschaulich und nett • Einfache Taverne mit griechischer Hausmannskost, z. B. Lammtopf und dicke Bohnen aus dem Backofen.
An der Straße Richtung Oía, Beschilderung folgen • Tel. 2 28 60/2 30 32 • €

◎ Kontochóri   ▸ S. 116, B 7

250 Einwohner

Auch dieses Dorf im Nordosten kann getrost zur Gemeinde Firá ge-

MERIAN-Tipp ⑤

SANTORINÍA   ▸ S. 116, B 7

Der Nacht-Treff der Einheimischen. In dem ursprünglich 1984 gegründeten und 1995 wiedereröffneten Tanz- und Esslokal wird Lokalkolorit vom Feinsten geboten, denn hier werden nicht Busladungen durchgeschleust, im Gegenteil: Hier treffen sich ganze Familien, um Geburtstage oder sonstige Familienanlässe zu begehen und dabei griechische Folklore zu hören, dazu zu tanzen oder einfach nur einen hervorragenden Santorin-Wein zu probieren. Gewöhnlich spielt eine Vier-Mann-Kapelle auf, gelegentlich ist auch ein Gastmusiker zu hören. Eine tolle Stimmung abseits der touristischen Abzocke ist hier garantiert.
Firostefáni, direkt am Kraterrand, an der Hauptstraße beschildert • Tel. 2 28 60/2 37 77 • Juli–Sept. 24–6 Uhr • Eintritt 10 € (ein Getränk frei), Reservierung empfohlen

zählt werden. Die etwas Wohlhabenderen haben sich hier niedergelassen. Die große Kirche ist ursprünglich im 18. Jh. vom Malteserorden gegründet worden, heute jedoch ein orthodoxes Gotteshaus. Neben den inzwischen auch hier präsenten Hotels gibt es noch eine ganze Reihe von Privatzimmern. Weiter östlich und damit tiefer gelegen ist ein Campingplatz situiert. Fährt man weiter bergab, gelangt man recht bald, bei **Kanakári**, an den Badestrand **Éxo Gialós**. Dieser

250 m breite Strand wird von 5 m hohen Bimssteinwänden eingerahmt. Am späten Nachmittag ist es hier recht schattig, allerdings speichert der dunkle Lavasand die Wärme der Sonne sehr lange.

0,2 km nordöstl. von Firá

SEHENSWERTES
Völkerkundemuseum

Die Ausstellung ist in Privatbesitz und zeigt in den Räumen typischer Höhlenwohnungen das traditionelle Leben auf Santorin – wozu selbstverständlich auch das Handwerk des Weinbauers mit all seinen Gerätschaften gehört. Im Innenhof steht eine kleine Kapelle.

Mit persönlicher Führung (auf Englisch) durch den Besitzer Emmanuel Lignós oder seine Schwester.

Tel. 2 28 60/2 27 92 • tgl. 10–14 und 18–20 Uhr • Eintritt 3 €

Imerovígli   ▸ S. 116, A 7
600 Einwohner

Kein Wunder, dass die Kreuzfahrtschiffe von hier oben wie Spielzeug wirken: 360 m geht es vom höchst gelegenen Ort Santorins hinunter bis zum Wasserspiegel, und wer darauf achtet, merkt, dass nirgendwo sonst die Kante so steil abbricht wie hier.

Der Ort, dessen Name sich von Wachturm (»Viglia«) ableitet, um den vorgelagerten **Skáros-Felsen** galt deshalb von jeher als besonders sicher: Von hier aus hatten die Bewohner einen guten Überblick über das Fahrwasser – Piraten konnten kaum unbemerkt mit ihren Schiffen einlaufen.

Heute ist Imerovígli ein Touristenzentrum wie Firá und Oía, bloß kleiner – und nach wie vor in konkurrenzloser Lage.

SEHENSWERTES
Ágios Nikólaos

Das zwischen 1819 und 1821 fertiggestellte Frauenkloster erhebt sich im Süden direkt vor dem Ortseingang. Es entstand in Folge der damaligen Abwanderung vom Skáros-Felsen, wo sich auch das Vorläufergebäude befand. Bei den Stufen am Portal befindet sich eine Klingelschnur, mittels der man – in angemessener Kleidung, versteht sich – um Einlass bitten kann. Öffnet sich die Tür, führt der Weg über einen Vorplatz zu einem Innenhof. Rechter Hand sieht man die Klosterkirche. In dem dreischiffigen Gotteshaus sind vor allem reichlich mit Gold verzierte Ikonostasen zu bewundern. Außerdem gibt es drei Altäre, wovon einer natürlich dem hl. Nikolaus gewidmet ist. Links vom Innenhof befinden sich Andachtsräume.

Tgl. 8–12.30 und 16–19 Uhr, Mi und Fr geschl.

Skáros-Felsen

Man schrieb das Jahr 1207, als unter venezianischer Herrschaft dort eine Burganlage errichtet wurde, wo damals noch ein Kap auszumachen war. Von diesem – für Invasoren uneinnehmbaren – Punkt waren die Schifffahrtswege bestens zu überwachen: Die nach und nach entstehende Siedlung konnte nie erobert werden. Hier wurde auch das erste Dominikanerkloster der Insel gegründet, das heute im katholischen Viertel von Firá residiert.

Als im 16. Jh. die Türken Santorin einnahmen, hatte das Burggebiet seine Bedeutung schon verloren, denn erstens gab es keine Piraten mehr, und zweitens war die neue

Siedlung – das heutige Firá – besser zugänglich. Außerdem sah man bereits damals den Nutzen der Bucht, die noch heute als Hafen fungiert. Der dritte Grund ist bis in unsere Tage augenscheinlich: Der Felsen war schlicht zu bröckelig. Um 1811 verließen die allerletzten Bewohner das Gebiet – mit nachgerade weiser Voraussicht: 1956 zerstörte das gewaltige Erdbeben auch die Reste aller Ruinen, und der Skáros-Felsen erhielt seine heutige Form. Inzwischen ist der Weg zum Sattel gut befestigt, aber man sollte als Wanderer trotzdem schwindelfrei sein. Auf der Westseite gelangt man so zur weißen **Theosképasti-Kirche** und genießt von dort einen sagenhaften Ausblick.

ÜBERNACHTEN

Die genannten Empfehlungen liegen alle am wunderschönen Kraterrand.

Spiliótica ♟♟

Ausblick auf den Skáros-Felsen • Eine der besonders schönen Unterkünfte in Imerovígli: Die Suiten und Appartements sind unterschiedlich groß und zum Teil sehr luxuriös mit Antiquitäten eingerichtet. Die Zimmer sind mit bis zu fünf Personen belegbar.
Tel. 2 28 60/2 47 67 • www.spiliotica. com • 20 Appartements, 5 Suiten • €€€€

Andrómeda Villas ♟♟

Übernachten mit Unterhaltung • Diese großzügige Hotelanlage bietet neben geschmackvoll eingerichteten Zimmern und einer schönen Sonnenterrasse mit Pool einmal in der Woche eine »Greek Night«.

MERIAN-Tipp   6

LANGAS VILLAS   ▶ S, 116, A 7

Wer die traditionellen griechischen Farben Weiß und Blau liebt, der ist hier richtig. Hinzu kommt die legere Atmosphäre in der kleinen, gut ausgestatteten Anlage direkt »auf dem Balkon von Santorin«. Die Studios und Appartements sind in ihrem inseltypischen Stil nicht nur nett anzusehen, sondern auch mit einer Küche, Fernseher und Klimaanlage sehr komfortabel ausgestattet. Zu der freundlichen Anlage gehören auch ein Jacuzzi und ein Pool. Die Preise sind völlig in Ordnung, dazu ist das Ambiente freundlich, die Lage und der hilfsbreite Eigentümer der Anlage sind weitere Pluspunkte.
Imerovígli • Tel. 2 28 60/2 27 15 • www.langasvillas-santorini.com • 6 Zimmer • €€€

Tel. 2 28 60/2 48 44 • www.andro meda-santorini.com • 49 Zimmer • €€€

Phenix

Komfort für Anspruchsvolle • Verschieden große Zimmer bis hin zur De-Luxe-Suite. Die Räumlichkeiten stammen aus dem 19. Jh. und sind liebevoll restauriert worden. Pool am Kraterrand, Jacuzzi, eigene Bar und Restaurant.
Tel. 2 28 60/2 25 54 • www.phenix. gr • 12 Zimmer • €€€

Villa Lukas ♟♟

Besonderer Service • Die Appartements und das Studio können je-

weils bis zu vier Personen aufnehmen. Alle Einheiten sind mit einer komplett eingerichteten Küche ausgestattet. Sehr hilfsbereites Besitzerehepaar. Die Läden und Tavernen des Ortes liegen nur etwa 100 m entfernt.
Tel. 2 28 60/2 30 49 • www.villa lukas.gr • 6 Zimmer • €€€

Katerina's Castle 🍴🍴

Die günstige Alternative • Kleine, aber saubere und komplett ausgestattete Höhlenzimmer mit Telefon, TV, Klimaanlage und eigenem Bad. Auf der schönen Gemeinschaftsterrasse kann man an der Bar bei einem »Sundowner« genüsslich den Tag ausklingen lassen.
Tel. 2 28 60/2 27 08 • www.hotel-katerina.gr • 9 Zimmer • €

ESSEN UND TRINKEN
Anéstis

Gut und billig • Alles vom Feinsten: die Salate, die Lammgerichte und andere Speisen sind stets frisch zubereitet. In dem Lokal, obwohl an der steil bergauf führenden Hauptstraße aus Firá gelegen, kann man trotzdem schön draußen sitzen. Die Preise sind ausnehmend günstig.
Direkt neben dem Santorini Sailing Center • www.taverna-anestis.com • tgl. ab 12 Uhr • €€

Blue Note

Recht bekannt • Taverne, die dem Besitzer des Hotels Spiliótica gehört. Es gibt eine gute griechische Speisekarte, aber auch »Ausrutscher« wie überteuerten Hummer. Der Wein ist aus eigener Produktion, und den Skáros-Blick gibt's kostenlos dazu.
www.spiliotica.com/bluenote • tgl. ab 12 Uhr • €€

Oía   ▶ S. 115, E 2
934 Einwohner

Der Ort an der äußersten Nordostspitze war einmal, heute kaum zu glauben, ein Wirtschaftszentrum sondergleichen, mit profitabler Seefahrt und ergiebigem Fischfang. Tausende Menschen lebten und arbeiteten hier, der Hafen war gesäumt von Schiffen und Booten, zwischen den Dächern der Wohnhäuser wölbten sich die Kuppeln von weit über 70 Kapellen. Doch dann das Erdbeben: Am 9. Juli 1956 verwandelte sich die stolze Stadt binnen weniger Minuten in ein Trümmerfeld, und aus dem prosperierenden Städtchen wurde ein verlassener Ort, denn die Menschen zogen in den Jahren danach in Scharen davon. Noch heute findet man, verstreut zwischen den neuen Wohnhäusern, Tavernen und Läden, eingezäunte Ruinen.
Inzwischen ist Oía wieder ein gewinnbringendes Fleckchen Erde. Wo einst die Seefahrer ihre Netze flickten, stehen heute noble Höhlenhotels. Und in der Hauptgasse wohnen nun keine Kapitäne mehr. Heute ist Oía der schönste, wenngleich teuerste Ort der Insel: Wegen der herrlichen Lage können viele Tavernen und Geschäfte getrost saftige Preise verlangen. Doch keine Sorge: Man findet hier auch noch viele idyllische Winkel.

SEHENSWERTES

Der Weg ist das Ziel – der Ort ist die Sehenswürdigkeit! Spazieren Sie einfach durch die Hauptgasse, eine Art »Fußgängerzone«. Viele kleine Geschäfte laden hier zum Bummeln und Stöbern ein.
Am frühen Abend drängt sich alles durch den Ort bis zur äußersten

Erstrahlt wieder in vollem Glanz: Das Dorf Oía (▸ S. 50) im Norden Santorins wurde 1956 bei einem Erdbeben zerstört, heute ist es der nobelste Ort der Insel.

Nordspitze, um dort dem Sonnenuntergang beizuwohnen. In der übrigen Zeit lohnt sich ein Schlendern am Kraterrand.

Kastell Argýri

Die einstigen Besitzer, die venezianische Familie Argýri, hatten sich den aus Wohnhäusern und einer kleinen Kirche bestehenden Komplex ursprünglich zum Schutz vor Eindringlingen – namentlich Piraten und später auch Türken – errichten lassen. Der Ruinenzustand des Kastells geht diesmal nicht auf das Jahr 1956 zurück, sondern war schon vorher ein Faktum. Diese Tatsache ändert freilich überhaupt nichts am Zauber dieses Ortes – ganz im Gegenteil: Hier versammelt sich allabendlich eine illustre Mischung von Sonnenuntergangs-Fans, um die Sicht gen Westen und auf die Nachbarinsel Thirassía zu genießen.

MUSEEN
Marinemuseum

Die Ausstellung geht auf den Anfang der Neunzigerjahre verstorbenen »Seebären« Antónios Dakorónias zurück, der bereits 1951 eine Sammlung von maritimen Erinnerungsstücken präsentiert hatte, bis fünf Jahre später das Erdbeben auch seine Bemühungen zunächst zunichte machte. Heute ist das Museum an einem neuen Ort zu besuchen. Man findet dort jede Menge Utensilien aus dem Alltag eines Seefahrers, von der historischen Seekarte bis hin zur Galionsfigur.

Kurz vor dem Gemeindebüro rechter Hand • tgl. außer Di 10–14 und 17–20 Uhr • Eintritt 4 €

ÜBERNACHTEN
Cánaves Oía Hotel

Familiärer Luxus • Wunderschöne Höhlenwohnungen (zwei Grup-

pen), alle mit antikem Mobiliar und eigener Küche. Auf der Gemeinschaftsterrasse gibt es einen hübschen Pool, im Restaurant werden exquisite Spezialitäten serviert. Das gewählte Frühstück genießt man auf der zimmereigenen Terrasse mit herrlichem Blick auf die Caldera.
Gleich zu Ortsbeginn links (Schild) • Tel. 2 28 60/7 14 53 • www.canaves. gr • 12 Appartements • €€€€

Perívolas

Hochglanzatmosphäre • Auf Titelseiten von zahlreichen Reisemagazinen ist der spektakulär am Kraterrand eingelassene Pool abgebildet. Auch sonst wartet diese Unterkunft mit allem erdenklichen Luxus auf. Individuell eingerichtete Zimmer.
Am Kraterrand unweit der Kirche • Tel. 2 28 60/7 13 08 • www. perivolas suites.gr • 17 Suiten • €€€€

Casa Francesca

Gemütlich und günstig • Nett möblierte Zimmer mit Kaffeemaschine und Kühlschrank. Ruhig, aber doch zentrumsnah. Von der blumengeschmückten Terrasse hat man einen schönen Ausblick über die Weinfelder Santorins.
Nahe der zentralen Bushaltestelle • Tel. 2 28 60/7 15 07 • www.greek hotel.com/cyclades/santorin/oia/ francesca • 5 Zimmer • €€

Jugendherberge

▸ grüner reisen, S. 19

ESSEN UND TRINKEN

1800

Die erste Adresse • Haute Cuisine vom Feinsten in einem schönen alten Patrizierhaus. Da macht es gar nichts, dass die Tageskarte des No-

belwirts von Oía überwiegend internationale Gerichte aufweist. Auch die Weinkarte kann sich sehen lassen, denn im Keller lagern mittlerweile über 30 edle Tropfen aus verschiedenen Rebsorten. Im kleinen Innenhof in der Hauptgasse gibt es zwar keinen Blick aufs Wasser, dafür darf es hier etwas kosten.
Etwa 100 m nach der Platía und dem Geldautomat rechts • Tel. 2 28 60/ 7 14 85 • www.oia-1800.com • €€€€

Kyprida

Mittelmeer-Fusion • Dieses Lokal ist relativ neu am Ort und lohnt trotz hoher Preise wegen seiner zypriotisch angehauchten Küche, die sich hervorragend mit der griechischen kombinieren lässt. Schöne Terrasse.
Unweit des Marinemuseums • Tel. 2 28 60/7 19 79 • www.kyprida.gr • tgl. ab mittags • €€€

Neptune

Essen mit Rundumblick • Die offene Terrasse bietet viel Ausblick, viel Auswahl, aber auch viele Leute. Dafür ist das Personal fix, und Lamm und Fisch, die Spezialitäten des Hauses, schmecken prima.
An der Platía gegenüber der Kirche • Tel. 02 28 60/7 12 94 • tgl. 12–ca. 22 Uhr • €€

Róka

Authentisch • Wer griechische Hausmannskost essen möchte, ist in dem kleinen Lokal nördlich der Hauptgasse richtig. Es liegt etwas versteckt in einer Sackgasse, sodass man sich unter Umständen durchfragen muss, aber der Weg lohnt sich – auch wegen der netten Terrasse mit Blick in den Norden.
Tgl. ab 12 Uhr • €€

Skála

Kleine Tische, gut gedeckt • Auch hier eine sagenhafte Aussicht. Die Salate und Gemüsegerichte sind gut, zum Souvláki sollten Hungrige sich zusätzliche Beilagen bestellen.
An der Treppe zum Arméni-Hafen, die von der Hauptgasse abzweigt •
Tel. 2 28 60/7 13 62 • tgl. ab mittags geöffnet • €€

Thalámi

Klassische griechische Küche • Empfehlung: eine Zusammenstellung von verschiedenen Vorspeisen, aber auch der Tintenfisch wird gerne genommen. Atemberaubende Aussicht über die Caldera.
An der Hauptstraße gegenüber der Treppe zum Hafen • tgl. 10–23 Uhr • €€

EINKAUFEN

In Oía hat sich eine ganze Reihe von Künstlern mit eigenen Ateliers niedergelassen. Teilweise bekommt man allerdings das gleiche touristische Einerlei vorgesetzt wie in Firá, doch es gibt einige rühmliche Ausnahmen.

Tefra art

Silber- und Goldschmuck, Keramik und Glas. Keine Massenproduktion, sondern Unikate einheimischer Künstler, allerdings stammt nicht alles aus Santorin.
In der Hauptgasse

The Wave

▸ grüner reisen, S. 20

AM ABEND

Oía ist kein Ort der Bars und Diskotheken, dafür gibt es eine Anzahl von pittoresken (Ess-)Lokalen. Man muss nur mit wachen Augen durch den Ort gehen und findet früher oder später etwas Passendes. Für Genießer gibt es hier aber nichts Schöneres, als einfach in Ruhe, vielleicht

In den engen Gässchen von Oía ist der Esel noch ein übliches Transportmittel.

sogar auf der »eigenen« Terrasse, einen der hervorragenden Inselweine zu schlürfen – mit Blick auf eines der hell erleuchteten Kreuzfahrtschiffe oder die Fähren, die scheinbar lautlos mit nördlichem Kurs die Caldera durchkreuzen. Entspannung pur vor einer atemberaubenden Kulisse!

SERVICE
AUSKUNFT
Karvoúnis Tours

Der Reisespezialist am Ort. Prompte und zuverlässige Auskünfte über Fährverbindungen, Ausflüge etc.
An der Kraterrandgasse nahe der Platía • Tel. 2 28 60/7 12 90

MERIAN-Tipp 7

JIMMY'S ROOMS ▸ S. 114, C 3

Die Vergangenheit ruft. Wem die Hauptinsel zwischendurch zu umtriebig wird oder wer einfach mal zum Vergleich einen Eindruck davon haben möchte, wie das Leben auf Santorin vor etwa sechzig oder hundert Jahren gewesen ist, der ist auf der Nachbarinsel genau richtig. Unweit des südlichen Ortsausgangs von Manolás lohnt sich dann eine Übernachtung in Jimmy Room's, einer kleinen Pension mit einfach ausgestatteten Zimmern, in denen, wie auf der übrigen Insel, die Zeit stehen geblieben zu sein scheint.
Thirassía Manolas • Tel. 0 22 80/ 2 91 02 • 9 Zimmer • €

VERKEHR
Bus
Von der Busstation in Zentrumsnähe fahren mehrmals täglich Busse nach Firá.

Ziele in der Umgebung

Als Badeziel lohnt in der Nähe von Oía nur **Baxédes**, wo man vor allem in der Nebensaison noch seine Ruhe hat. Die »Strände« bei den Oía-Häfen **Arméni** und **Ammoúdi** sind zwar eine äußerst steinige Angelegenheit, aber trotzdem wunderbare Plätze zum Sich-weg-Träumen.

◎ Thirassía ▸ S. 114/115, B 2–D 4

Das Nachbareiland im Westen, einst mit der Hauptinsel verbunden, wartet im Prinzip mit der gleichen Landschaft auf, wie man sie zwischen Oía und Akrotíri vorfindet –

nur in Miniatur und seitenverkehrt. Und natürlich weniger vom Tourismus frequentiert.
Beschauliche Wanderungen bieten sich hier an, etwa vom Hauptort **Manolás** an die Südspitze, oder auch eine kleine Inselrunde (▸ S. 91). Es gibt auf Thirassía auch einige Übernachtungsmöglichkeiten und in den Orten natürlich ein paar Tavernen. Der einzige Badestrand liegt etwas südlich vom Fährhafen **Ríva**.
Die malerische Bucht unter dem Hauptort, in der auch der »Hafen« **Córfos** liegt, ist der Anlaufpunkt der Ausflugsboote, die hier allerdings nie länger als zwei Stunden festmachen. Es gibt mehrmals täglich Schiffsverbindungen zwischen Santorin (Oía, Firá und Athiniós) und Thirassía, aber die genauen Routen und Fahrpläne ändern sich häufig und müssen im Reisebüro aktuell erfragt werden.
4 km westl. von Oía

Voúrvoulos ▸ S. 116, B 7
300 Einwohner

Der Ort befindet sich weder am Kraterrand noch direkt am Meer – und dennoch ist er spektakulär: Mitten in einer Erosionsrinne gelegen, »hängt« Voúrvoulos an einem steilen Abhang. Von oben hat man eine tolle Aussicht über die Ostküste, unten auf dem Hauptplatz präsentiert sich das Dorf als verschlafenes Nest, in dem man das Gras wachsen hören kann. Ein angenehmes Kontrastprogramm für jeden, der zwischendurch einmal den Urlauberhochburgen entfliehen und griechische Ursprünglichkeit erleben möchte.
Einen Besuch wert sind die alten **Höhlenwohnungen** im oberen Ortsteil Áno Vourvoúlos, der sich an

einer Schlucht hinunterzieht. Zum Teil werden diese Höhlen auch heute noch als Wohnraum genutzt. Hier bekommt man einen Eindruck, wie die traditionellen Behausungen Santorins im Originalzustand gewesen sein müssen, bevor sie touristisch verändert wurden. Die große Hauptkirche des Ortes ist leider meist geschlossen.

SEHENSWERTES

Die Kirche **Ágios Panagía** ist eine typisch griechische Dorfkirche mit vorgelagerter Terrasse; sie erhebt sich gut sichtbar im oberen Ortsteil. Auffällig ist der vergleichsweise monströse Kronleuchter im Inneren der Kirche. Sehenswert sind aber mehr noch die blauweißen **Grabkapellen** auf dem angrenzenden Friedhof. Und ganz typisch für Voúrvoulos sind die hier und dort im Vorübergehen erkennbaren **Höhlenhäuser**, die auch heute noch ihre traditionelle Verwendung als Wohnung, Stall oder Lager finden.

WUSSTEN SIE, DASS ...

... in griechisch-orthodoxen Kirchen oft mehrere Kinder kurz hintereinander im gleichen Wasser getauft werden und sie damit als miteinander verwandt gelten und einander nicht heiraten dürfen?

ESSEN UND TRINKEN
Roza

Nett und hübsch • Sehr beliebt bei den Einheimischen, die klassische griechische Gerichte vom großen offenen Grill genießen. An der Ortseinfahrt von Norden her schon wegen des großen Namensschildes unübersehbar.
Tgl. ab mittags geöffnet • €

Amoúdi heißt der kleine Fischerhafen, der sich unterhalb von Oía (▶ S. 50) am Meer befindet. Er ist über eine Treppe erreichbar, die 210 Stufen zählt.

Die Inselmitte
In Santorins Mitte erwartet den Besucher mit Badefreuden, Weinproben und Zeugnissen früherer Hochkulturen ein spannendes Kaleidoskop der Gegensätze.

◄ Von weißen Kirchtürmen geprägt und von Touristen kaum überlaufen: Megalochóri (► S. 63) im Westen Santorins.

Der Norden

Die Inselmitte

Der Süden

Es sind Dörfer wie **Vóthonas, Karterádos** oder **Éxo Goniá**, die dem Besucher wie im Dornröschenschlaf vorkommen. Hier, wo alte Höhlenwohnungen noch zu ganz selbstverständlichen Behausungen zählen, scheint die Zeit stehen geblieben zu sein. Ein völlig anderes Bild herrscht am beliebten Strand von **Monólithos** vor, wo sich Einheimische und Touristen gleichermaßen einfinden. Und erst recht in **Kamári** am Fuße des **Méssa Vounó**: Jenseits und diesseits der Strandpromenade findet man hier alles, was zu einem klassischen Badeurlaub gehört. Der Ort, vor nicht allzu langer Zeit noch ein verschlafenes Fischernest, pulsiert heute mehr oder weniger rund um die Uhr im Zeichen des internationalen Tourismus.

Kaum einen Steinwurf in die Höhe entfernt liegt stumm und einsam **Alt Thera**, ein überaus spannendes Zeugnis der früheren Kulturen, die Santorin nacheinander geprägt haben. Die hektische Betriebsamkeit im Zentralort **Messariá** in unmittelbarer Nachbarschaft zu den nahezu menschenleeren Weinfeldern ist typisch für die Landschaft zwischen Firá und den Badeorten im Südosten. Und von **Pýrgos** mit seinen verwinkelten Gassen, der früheren Hauptstadt zuzeiten der türkischen Herrschaft, hat man Santorins Norden bis nach Oía im Blick.

Kamári   ► S. 121, E 14

Kaum zu glauben, aber vor wenigen Jahrzehnten stand hier noch gar nichts. Dort, wo in der Antike der Hafen von Alt Thera gelegen haben muss, errichteten – ein paar hundert Meter weiter landeinwärts – die Bewohner des zerstörten Méssa Goniá nach dem Erdbeben von 1956 die kleine Siedlung Kamári. Innerhalb kürzester Zeit entwickelte sich der Ort zu einem Eldorado der Strandfans. Der dunkle Kies in Kamári erstreckt sich kilometerlang unterhalb des eindrucksvollen, großen Felskaps Méssa Vounó. Er besteht aus kleinen dunklen Steinchen, die sich bei Hitze beträchtlich aufheizen können. Hier wird inzwischen so ziemlich alles geboten, was einen typischen Badeurlaub ausmacht. Der Ort liegt in der Luftlinie keine 2 km von der Start- und Landebahn des Flughafens entfernt. Aber das scheint niemanden weiter zu stören.

ÜBERNACHTEN
Aegean Plaza 👤👤

Für die Familie • Nur 80 m vom Strand entfernt und mit allen erdenklichen Annehmlichkeiten eines modernen First-Class-Hotels (Pool, Sauna, Fitnessraum) ausgestattet. Auch Suiten und Studios sind im Angebot. Und ein Babysitter kann ebenfalls gebucht werden.

MERIAN-Tipp 8

KAPELLE ZOODÓCHO PIGÍ
▶ S. 121, D 14

In Kamári nimmt man die Serpentinenstraße nach Alt Thera. In der untersten Kurve führt ein Weg am Berg entlang, der später auf einen Stufenpfad trifft. Dieser schmale Weg führt zu einer kleinen Kapelle mit einem großen Affenbrotbaum davor – ein Ort wie aus dem Bilderbuch: Auf dem Platz vor dem kleinen Gotteshaus ist es fast immer windstill, schattig und ruhig. Dabei genießt man einen grandiosen Ausblick auf Kamári. Neben der Kapelle befindet sich eine dunkle Höhle, in welcher der »Leben spendende Quell« – denn nichts anderes bedeutet Zoodócho Pigí – von der Höhlendecke tropft. Der Blick nach oben trifft freilich auch auf eine Menge Spinnweben – das herrlich erfrischende Wasser kann man dennoch unbesorgt trinken.

Im mittleren Bereich der Strandpromenade • Tel. 2 28 60/2 87 40 • www.aegeanplaza.gr • 95 Zimmer • ♿ • €€€€

Rivari Bungalows ♟♟

Schöne Bungalowanlage • Im ruhigeren Teil von Kamári gelegen. Im Gartenbereich befinden sich mehrere Pools. Für gehobene Ansprüche und trotzdem günstig. Alle Zimmer mit Balkon oder Terrasse.
Etwas abseits des Strandes bei der Kirche Ágios Nektários gelegen • Tel. 2 28 60/3 16 87 • www.rivari.com • ♿ • €€€

Sunshine ♟♟

Direkt am Strand • Das Haus hat durch seinen »Röhrencharakter« ein bisschen was von einer Jugendherberge, dafür ist es aber sehr ordentlich und preisgünstig. Helle Einrichtung und freundlicher Service. Relativ ruhige Zimmer.
Tel. 2 28 60/3 13 94 • www.hotel sunshine.gr • 35 Zimmer • ♿ • €€

ESSEN UND TRINKEN

Atmosphere

Der Name ist Programm • Wer zwischendurch mal etwas anderes braucht als Gyros und Tzatzíki, kann sich hier an Steaks und Salaten gütlich tun. Eine der wirklichen Top-Adressen der Insel.
An der Strandpromenade (direkt neben Kamári Tours) • Tel. 2 28 60/3 13 68 • tgl. ab 11 Uhr • €€€€

Amalthía

Für Fischliebhaber • Definitiv eine der besten Fischtavernen im Ort, auch die leckeren Vorspeisen werden gerne bestellt. Kenner schätzen hier besonders die offenen Weine.
Ecke Odós Hiller von Gaertringen/ Strandpromenade • Tel. 2 28 60/3 27 80 • www.amalrhiatavern.com • tgl. ab mittags geöffnet • €€

Saliveros

Das Original • Der Wirt lässt sich Zeit, bis er seine blau-weiße Taverne spät in der Vorsaison wieder öffnet. Dafür ist die Atmosphäre dann umso griechischer, denn hier essen auch viele Einheimische. Empfehlenswerte Spezialitäten sind hier Oktopus und anderes Meeresgetier.
Am südlichen Teil der Strandpromenade • tgl. ab nachmittags geöffnet • €€

EINKAUFEN

Kamári ist mit Supermärkten gut bestückt. In der Panagía Myrtidiótissis findet man gleich mehrere, außerdem einen Buchladen und eine Apotheke. Deutsche und andere internationale Zeitungen sowie Badeartikel werden auch an der Promenade verkauft. Es gibt außerdem eine Reihe von Galerien und Kunsthandwerksläden in den Gassen nahe der Strandpromenade.

Lava candles

Hier gibt es Nützliches und Dekoratives aus Asche und Lavaschlacke. Freundlicher Laden, und die Preise sind okay.
An der Stichstraße zum Strand

AM ABEND

Entsprechend der Nachfrage ist der Ort mit Strandbars, Diskotheken und Nachtclubs gut versorgt.

Dom Club

Diskothek mit nettem Ambiente, Musik von den Siebzigerjahren bis heute. Gemischtes Publikum.
Mitte der Strandpromenade (Orientierung: Schild »Mango«) • tgl. ab 22 Uhr geöffnet

Hook Bar

Die In-Bar am Ort. Buntes Musikarchiv, die Cocktails hier sind Legion.
Am südl. Ende der Promenade

SERVICE

AUSKUNFT

Kamári Tours

Alteingesessenes Reisebüro, organisiert so ziemlich alles. Ein lohnenswertes Unterfangen ist etwa ein Bootsausflug nach Períssa (▶ S. 77) und Red Beach (▶ S. 76). Sehr hilfsbereites Personal; Auskünfte auch am Telefon und vorab per E-Mail, auch zum Thema Tauchen.

Neben dem großen Felskap Méssa Vounó befindet sich der kilometerlange, aus schwarzen Steinchen bestehende Lavastrand von Kamári (▶ S. 57).

Großes Hauptbüro an der Promenade • Tel. 2 28 60/3 13 90 • www.kamaritours.gr

VERKEHR

Bus

In der Hochsaison meist alle 15 Min. nach Firá. Es gibt mehrere Haltestellen in Kamári.

Ziele in der Umgebung

◎ **Alt Thera** 🔟   ▶ S. 121, D 15

Irgendwann zwischen dem Jahr 1000 und 900 v. Chr. gelangten die Dorer aus Sparta kommend auf die Insel. Mit Bedacht wählten sie für

---

WUSSTEN SIE, DASS …

… es bis 1990 dauern sollte, bis der Archäologe Wolfram Hoepfner die Arbeit von Baron Friedrich Hiller von Gaertringen fortsetzte? Dieser hatte Alt Thera bis 1902 ausgegraben.

---

ihre Siedlung einen Platz auf dem Gipfel des **Méssa Vounó** aus, denn von hier hatten die Einwanderer, ähnlich wie später die Siedler von Skáros im Norden der Insel, einen guten Überblick auf ihre damaligen Häfen im heutigen Kamári und auf der anderen Seite in Veríssa. Etwa 600 Jahre später fanden Ptolemäer aus Ägypten hier eine neue Heimat; sie konnten auf einem ordentlichen Fundament aus Wohnhäusern, Straßen und Kanalisation aufbauen. Sie errichteten verschiedene Tempel, die den »eigenen« ägyptischen Göttern gewidmet waren, aber auch das Theater. Knapp 130 Jahre später vervollständigten schließlich die Römer das Bild der Fremdherrschaft in Alt Thera; sie prägten den Ort immer-

hin rund 400 Jahre lang, bis sie den Méssa Vounó in byzantinischer Zeit verließen, woraufhin die Stadt nach und nach verfiel und in völlige Vergessenheit geriet.

Nachdem sich auf der Ruinenstätte zuvor schon verschiedene Wissenschaftler um die Entzifferung von Schriftzeichen bemüht hatten, nahm sich 1896 der deutsche Archäologe Baron Friedrich Hiller von Gaertringen des Rätsels Thera an – und hatte sieben Jahre später (auf eigene Kosten!) unverhofft eine ganze Stadt wieder ausgegraben. Allein der steile Weg zu dem mehr als 300 m hoch gelegenen Areal lässt den Besucher ungläubig staunen, dass Menschen in der Antike eine Stadt in einem derart unwegsamen Gelände erbauen konnten.

Zu erklären ist diese Lage dann auch nur mit der Tatsache, dass die geografische Abschirmung durch drei steile Felswände und mit nur einem einzigen Eingang die Stadt so gut wie uneinnehmbar für Feinde machte. Zudem gilt das Gebirge **Profítas Illías**, das nicht vulkanisch ist, sondern aus Kalk besteht, als weitgehend erdbebensicher, was sicherlich auch ein Grund für die Besiedlung an dieser Stelle war.

Der Serpentinenweg zur Ausgrabungsstätte ist in Kamári ausgeschildert. Zu Fuß braucht man fast eine Stunde, weswegen sich die Fahrt mit dem Auto empfiehlt – oder aber viel Zeit, denn der Weg oben vom Parkplatz (wo ein Kioskwagen stationiert ist) bis zur Ausgrabungsstätte ist ebenfalls nicht ganz einfach. Gutes Schuhwerk ist unabdingbar!

Di–So 8–14.30, Einlass bis 14 Uhr • Eintritt 2 €

1 km südwestl. von Kamári

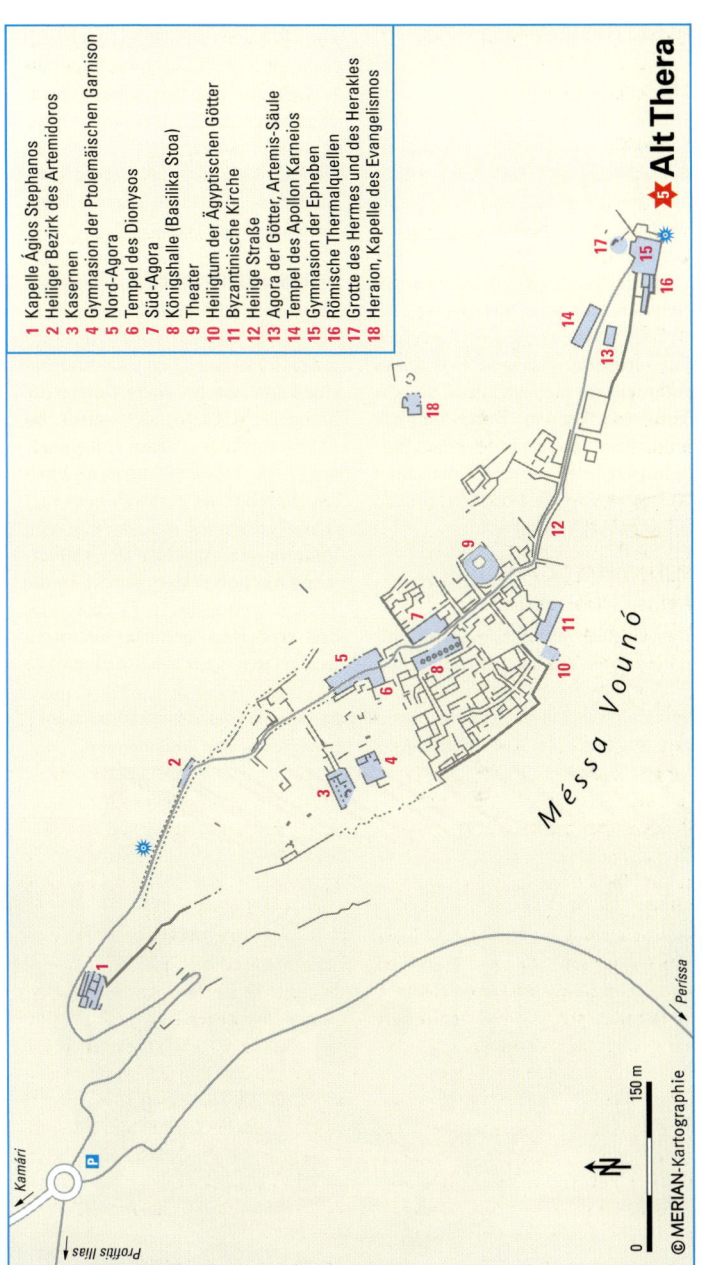

1 Kapelle Ágios Stephanos
2 Heiliger Bezirk des Artemidoros
3 Kasernen
4 Gymnasion der Ptolemäischen Garnison
5 Nord-Agora
6 Tempel des Dionysos
7 Süd-Agora
8 Königshalle (Basilika Stoa)
9 Theater
10 Heiligtum der Ägyptischen Götter
11 Byzantinische Kirche
12 Heilige Straße
13 Agora der Götter, Artemis-Säule
14 Tempel des Apollon Karneios
15 Gymnasion der Epheben
16 Römische Thermalquellen
17 Grotte des Hermes und des Herakles
18 Heraion, Kapelle des Evangelismos

Alt Thera

Méssa Vounó

Kamári

Profítis Ilías

Perissa

150 m

© MERIAN-Kartographie

◎ Éxo Goniá/Méssa Goniá
▸ S. 120, C 13

170/130 Einwohner

Die beiden Schwesterdörfer liegen in Sichtweite voneinander mitten in einer stillen Landschaft aus Wiesen und Weinfeldern. Die Geschichte der Orte ist mit Kamári eng verbunden, denn als das Erdbeben 1956 auch hier große Zerstörungen angerichtet hatte, zogen viele seiner Einwohner in die Nähe des damaligen Fischerdorfes. Bei und in Kamári wähnten sie sich sicher – bis die Touristen kamen. Dann nämlich entdeckten zumindest einige Einheimische die Vorzüge der alten Heimat wieder und kehrten zurück.

0,5 km westl. von Kamári

SEHENSWERTES
Ágios Charálambos

Das Gotteshaus in Éxo Goniá mit seinen roten Dachziegeln fällt schon von Weitem auf. Und auch aus nächster Nähe scheint das imposante Gebäude mit den vielen Türmchen so gar nichts mit einer klassischen orthodoxen Kirche zu tun zu haben. Schön sind die Mosaikformationen aus verschiedenen Lavasteinen auf der Terrasse.

Panagía Episcopí ⑥ ▸ S. 120, C 14

Diese sehr schöne Kirche gehört zu den wichtigsten Zeugnissen aus Santorins byzantinischer Zeit und hat eine lange, wechselhafte Geschichte hinter sich. Gegründet wurde sie 1115 von Kaiser Alexos I. Kommenós (1081–1118). Sie diente als Episkopalkirche des orthodoxen Kirchenoberhauptes, bis sie von den Venezianern zum Sitz des katholischen Bischofs erklärt wurde. Als die Türken Anfang des 16. Jh. die Kykladen eroberten, gehörte sie fortan wieder den griechisch-orthodoxen

Bei einer Weinprobe in der Weinkellerei Boutári (▸ S. 64) kommt man sicherlich auf den Geschmack. Zur Weinverkostung gehört eine Führung über das Gelände.

Christen. 1915 wütete ein Feuer in der Kapelle und zerstörte einen Großteil der Bücher und Priestergewänder. Und 1956 gab das große Erdbeben dem Gebäude den Rest. Die Restaurierungsarbeiten zogen sich über genau 30 Jahre hin. Alljährlich am 15. August wird hier die zentrale Feier zu Mariä Himmelfahrt begangen.

Auf der Straße zwischen Messariá und Kamári (ausgeschildert) • Besichtigung tgl. 9–17 Uhr

EINKAUFEN

Cánava Roússos   ▸ S. 120, C 14

Die älteste Weinkellerei der Insel liegt in Méssa Goniá und ist unbedingt einen Besuch wert, zumal nicht wenige der guten Tropfen von hier auch in den teuren Hotels im Rahmen einer Weinprobe angeboten werden – zu exorbitanten Tarifen, versteht sich. Vor Ort kann man sich hingegen viel Zeit nehmen und nicht nur die sieben verschiedenen Weine des Hauses degustieren, sondern auch Fachliches zur Lese und Verarbeitung erfahren. Wer will, kann während der Weinlese im August und September beim traditionellen Auspressen der Trauben mit den Füßen helfen. Nicht mit dem Weinmuseum (▸ S. 65) verwechseln!

An der Straße von Messariá nach Kamári (ausgeschildert) • Tel. 2 28 60/3 13 49 • www.canavaroussos.gr • tgl. 10–20 Uhr, in der Nebensaison 11–18 Uhr

Karterádos   ▸ S. 116, B/C 8

150 Einwohner

Wegen seiner auffallenden Kirchen bekanntes Dorf zwischen Firá und Messariá, das früher Seefahrer und später Bauern beherbergte, sich heute aber mehr und mehr zu einem Vorort von Firá entwickelt. Der obere Ortsteil ist von alten **Höhlenwohnungen** geprägt und nicht ganz so sehenswert wie der untere alte Ortskern mit den drei Kirchen, dessen Ausdehnung überrascht. **Ágios Geórgios** gehört zu den größten Kirchen der ganzen Insel.

Megalochóri   ▸ S. 120, B 14

300 Einwohner

Groß, wie der Name es eigentlich verspricht, ist das Dorf zwar nicht, aber auf jeden Fall einen Abstecher wert. Zum einen gefällt die an der Straße von Firá nach Akrotíri gelegene Siedlung wegen ihrer von verwinkelten Gässchen gekennzeichneten Dorfidylle. Zum anderen besticht eine bauliche Besonderheit an der Hauptgasse: Diese wird nämlich von zwei eindrucksvollen Glockentürmen geprägt – am oberen Ende des Dorfes von dem der Kirche **Ágii Anárgiri**, der auf drei Stockwerken pyramidenartig sechs Glocken trägt, sowie vom zweistöckigen Turm der **Panagía**-Kirche am Hauptplatz.

Zwar findet man auch in Megalochóri einige Hotels und Tavernen. Insgesamt scheint der Ort den Tourismus aber weiter verschlafen zu wollen.

Ziele in der Umgebung

Der Hauptstraße von Megalochóri nach Süden folgend, kommt man bei zwei Winzerbetrieben vorbei, die beide gut ausgeschildert sind. Die vergleichsweise junge **Weinkellerei Antoníou** (▸ S. 120, A 14) wartet außer mit einem schönen Ausblick auf die Caldera mit einem fast privat wirkenden Verkostungsbereich auf

(Verkauf nur vormittags, Tel. 2 28 60/ 2 35 57). Die viel größere und in ganz Griechenland bekannte **Weinkellerei Boutári** (▸ S. 120, A 15) liegt an der Abzweigung nach Akrotíri und empfängt den Interessierten gleich mit einer Multimedia-Vorführung über das Unternehmen und seine Produkte (Tel. 2 28 60/8 16 07, tgl. 10–18 Uhr).

Messariá ▸ S. 120, C 13

700 Einwohner

Wo früher namhafte einheimische Schiffseigner, Kapitäne und Weinfabrikanten sesshaft waren, haben sich heute Handwerksbetriebe etabliert. Der erste größere Ort, den der gerade auf Santorin gelandete Urlauber zu sehen bekommt, hat also auf den ersten Blick so gar nichts von der berühmten blau-weiß getünchten Ferienidylle. Das Kontrastprogramm befindet sich dennoch nur einen Steinwurf entfernt: Dort nämlich liegt der historische Stadtkern, und er überrascht mit klassizistischen Herrschaftshäusern, die zum Teil in den Neunzigern restauriert wurden.

SEHENSWERTES
Ágios Dimítrios

Diese Kirche in der Dorfmitte fällt auf – wie jedes kykladische Gotteshaus, das nicht in strahlendem Katalog-Weiß erscheint. In diesem Fall ist es von dunkler Lavafarbe.

Archontikó Argyroú

Der ehemalige Hausherr war seinerzeit gut im Geschäft, und er hatte eine Vorliebe für die Länder, in die er seine Ware lieferte: Geórgios Argyros, Weinbauer und -händler, exportierte Santorin-Wein bereits im 19. Jh. in viele nahe und ferne Länder. Seiner Leidenschaft für ein – zumindest für Santoriner Verhältnisse – ausgefallenes Ambiente ließ er zu Hause freien Lauf: Aus dem zunächst einstöckigen Wohnhaus von 1860 wurde 1888 ein zweistöckiges Herrenhaus im schönsten italienischen Palazzostil. Und weil gerade bei florierenden Geschäftsbeziehungen nichts dagegen sprechen konnte, zwischendurch einmal die Bezahlung des gelieferten Weins mit »Naturalien« zuzulassen, erwarb Argyros auf diesem Weg eine stattliche Anzahl antiker Möbel aus den verschiedensten Ecken der Welt.

1956 wurde freilich auch dieses Gebäude arg in Mitleidenschaft gezogen – 30 Jahre lang stand es dann als baufällige Ruine in der Landschaft, bis sich die damalige griechische Kulturministerin Melína Merkoúri Ende der Achtzigerjahre dazu entschloss, es mit Staatsmitteln restaurieren zu lassen. Ángela Argyros, Nachfahrin des berühmten Weinhändlers, bietet entsprechend kompetente Führungen an (am besten vorher anrufen und einen Termin vereinbaren).

Tel. 2 28 60/3 16 69 • tgl. 10–14 und 17–19 Uhr

ÜBERNACHTEN
Santoríni Image ♟♟

Familienfreundlich • Ein vergleichsweise riesiger Hotelkomplex mit einem gigantischen Swimmingpool sowie Tennis- und Kinderspielplatz. Teilweise behindertengerechte Zimmer. Bei einigen Reiseveranstaltern im Programm.

Am Ortsausgang Richtung Firá, aber nicht direkt an der Straße • Tel. 2 28 60/33 40 05 • www.santorini-image.gr • 122 Zimmer • ♿ • €€€€

Einen guten Überblick über die Weinherstellung damals wie heute vermittelt das Wine Museum of Santorini (▸ S. 65). Im Bild eine alte hölzerne Weinpresse.

Ziel in der Umgebung
◎ **Wine Museum of Santorini**
                    ▸ S. 120, C 13

Das **Weinmuseum** findet man am Beginn der Straße nach Kamári (ausgeschildert). Wer sich mit Wein etwas beschäftigt oder einfach nur interessiert ist, wird Gefallen an diesem Ort finden: Diverse Gerätschaften von damals und heute sind hier ebenso ausgestellt wie recht detaillierte Beschreibungen von verschiedenen Herstellungsprozessen wie etwa dem Destillieren. Außerdem erfährt man natürlich einiges zur Geschichte der Weinproduktion auf Santorin. Auch Weinproben sind hier möglich.

Tgl. 12–20 Uhr • www.volcanwines. gr • Eintritt 6 €
1,5 km südöstl. von Messariá

SERVICE
MEDIZINISCHE VERSORGUNG

An der Straße nach Firá liegt ein **Medical Center**; der Weg ist gut ausgeschildert.
Tel. 2 28 60/3 32 94

VERKEHR
Bus
Nach Firá alle paar Minuten, da alle wichtigen Linien Richtung Süden gehen; nach Kamári etwa alle halbe Stunde. Die Haltestelle befindet sich vor einem Supermarkt.

Monólithos ▶ S. 117, D 8

100 Einwohner

Der Ort – er hat seinen Namen vom 33 m hohen Kalksteinfelsen – spielte vor vielen Jahren eine wichtige Rolle bei der Verarbeitung von Tomaten. Sein kleiner Hafen wird gerne von Fischern und Seglern angelaufen. In direkter Nachbarschaft zum Flughafen hat man hier noch einiges vor, wie die vielen Rohbauten am Strand und die neu asphaltierte Straße beweisen. Die beiden weiten Strände nördlich und südlich des Hafens gehören ohne Zweifel zu den schönsten Santorins. Wenn nicht gerade eine kolossale Brandung vorherrscht, eignet sich das teilweise bis über 30 m breite Strandareal vor allem auch für kleinere Kinder, die im Wasser dann ein ganzes Stück weit rausgehen können.

Pýrgos 🟊 7   ▶ S. 120, C 14

500 Einwohner

Hoch oben thront dieses Dorf, das man schon von Weitem an der blauen Kuppel seiner Kirche und dem sechsfachen Glockenträger ausmachen kann. Umgekehrt hat man von hier aus praktisch die ganze Insel im Blickfeld. Dies war auch der Grund, warum der Ort mit seiner Höhenlage von 360 m unter türkischer Herrschaft zur Inselhauptstadt auserkoren wurde. Schon vorher hatten die Venezianer das **Kastell** errichtet, um sich vor drohenden Piratenüberfällen in Sicherheit zu wähnen. Und noch früher hatten sich die ersten

Das idyllische Dörfchen Pýrgos (▶ S. 66) bietet einen einzigartigen Ausblick über die gesamte Insel und ist in jedem Fall einen Besuch wert.

Siedler aus Alt Thera hier niedergelassen, die vor einem Erdbeben die Flucht ergriffen hatten. Später dehnte sich Pýrgos immer weiter talwärts aus, bis eines Tages eine ganze Stadt entstanden war – eine Stadt aus verwinkelten Gässchen und fensterarmen Häusern, die jeden potenziellen Angreifer wegen zunehmender Orientierungslosigkeit rasch in die Verzweiflung getrieben hätte. Doch die Piraten traten recht bald ohnehin nicht mehr in Erscheinung. Somit ist Pýrgos der älteste noch bewohnte Ort der Insel.

Noch heute dominiert die historische Wehrburg das alte, überaus sehenswerte Hangdorf.

Wenn tagsüber in regelmäßigen Abständen auf der ansonsten wie ausgestorbenen Platía die Touristenbusse halten, strömen zahlreiche Urlauber die steilen und verwinkelten Treppen hinauf, und es kehrt für Momente Leben in das völlig verschlafene Pýrgos ein. Und wenn sich die Besucher – meist schweißgebadet – wieder verabschieden, kehrt erneut wohltuende Ruhe ein im idyllischen Kykladenambiente.

SEHENSWERTES
Kastell

Die von allen fünf Festungen Santorins am besten erhaltene Anlage ist durch die Wegweisung im Ort leicht zu erreichen. Sechs Kirchen existierten einmal innerhalb des Burggeländes, das zugleich den ursprünglichen Dorfkern repräsentiert. Tagsüber herrscht hier ein mehr oder weniger hektisches Kommen und Gehen durch die wechselnden Touristenscharen; vor dem Eingang sitzt meistens ein Weinbauer und bietet seine Erzeugnisse zum Kauf an. Innerhalb des Kastells muss man wegen der vielen Unebenheiten im Boden sehr aufpassen, um nicht zu stolpern. Es gibt hier ein uriges kleines **Café**, vor allem aber genießt man den sagenhaften Ausblick über fast die gesamte Insel. In der Kapelle **Agía Triáda** links von der schmalen Treppe ist ein kleines **Ikonenmuseum** untergebracht. Das Museum beherbergt wenige, aber dafür umso wertvollere Ikonen sowie alte Priestergewänder, Weihrauchgefäße und sakrale Gegenstände aus Silber. Die dort ausgestellten Exponate stammen sämtlich aus der näheren Umgebung von Pýrgos.

Sehenswert sind aber auch die anderen Kirchen, vor allem die älteste aus dem 10. Jh., die am nordöstlichen Zipfel des Areals zu finden ist und mit vielen Ikonostasen und Inschriften versehen wurde. Die Wandmalereien sollen angeblich aus dem 14. Jh. stammen.

ÜBERNACHTEN
Zánnos Melathroú

Wohnen im Palast • Dieses auf zwei Herrenhäuser verteilte Nobelhotel gehört der »Small Luxury«-Kette an und kann mit allem aufwarten, was einem Gast mit der entsprechenden Bonität gefallen könnte. Einst ein Geschenk für die Tochter des ursprünglichen Bauherrn, bietet das Haus nicht nur in seinen höhlenartigen Suiten und Aufenthaltsräumen feinstes antikes Mobiliar und gediegenen Luxus, sondern auch kulinarische Erlebnisse der besonderen Art. Sowohl vom denkmalgeschützten Pool als auch vom Restaurant aus hat man den gesamten Nordteil der Insel im Blick. In einer benachbarten Höhle befindet

sich der Weinkeller, in dem auch Verkostungen angeboten werden.
Gleich unterhalb des Kastells • Tel. 2 28 60/2 82 20 • www.zannos.gr • 10 Suiten • €€€€

ESSEN UND TRINKEN
Seléne

Santorins Gourmettempel • Dieses sehr edel wirkende und ruhig gelegene Restaurant bietet gehobene Küche mit kreativen Ideen, aber auch typisch griechisches Essen, das dennoch nichts mit den typisch griechischen Touristenmenüs gemein hat. Eines der teuersten Lokale Santorins.
Nahe dem zentralen Hauptplatz • Tel. 2 28 60/2 22 49 • www.selene.gr • tgl. ab 19 Uhr • €€€€

Kallísti

Küche mit eigenen Ideen • Diese Taverne überrascht durch ein überaus variationsreiches und fantasievolles Angebot an Speisen, das von raffinierten Salatkreationen über besonders eingelegte Fleischgerichte bis hin zu einem reichhaltig bestückten Büfett reicht. Applaus!
Am Hauptplatz • tgl. ab 9 Uhr morgens • €€€

WUSSTEN SIE, DASS...

... es am Caldera-Rand im Westen bis zu 300 m in die Tiefe geht und dass das Meer dann noch einmal bis zu 350 m tief ist?

SERVICE
VERKEHR
Bus

Busse fahren von der Platía alle 30 Min. nach Firá und nach Paríssa.

Ziele in der Umgebung
◎ Athínios   S. 120, B 13/14

Der zentrale Hafen Santorins, der durch den Untergang des Kreuzfahrtschiffes »Sea Diamond« am 6. April 2007 plötzlich weltweit kurzzeitig in aller Munde war, ist über eine lange Serpentinenstraße abwärts zu erreichen. Wenn die großen Fähren einlaufen – und das passiert hier etliche Male am Tag –, herrscht stets große Hektik, und man wähnt sich ein wenig wie auf einem Bazar.
Die Kykladenfähren haben hier vorläufig Endstation, bevor sie in den Hafen in Kreta einlaufen. Hafenromantik und griechisch-maritime Seefahreratmosphäre entschädigen für den oft beträchtlichen Lautstärkepegel, der den Einzug der »großen Pötte« begleitet. Wer gerne Menschen beobachtet und einen Sinn hat für die Faszination des immer wiederkehrenden Wechsels zwischen Aufgeregtheit, wildem Gehupe und menschenleerer Einöde, der wird an diesem etwas versteckt liegenden Ort sicher gerne eine Zeitlang verweilen. Es gibt hier eine ganze Reihe Kafeníons und einfacher Lokale, von denen aus man die Szenerie trefflich auf sich wirken lassen kann. Außerdem ist der Abstecher zum Hafen schon ein Erlebnis für sich, denn während der steilen Talfahrt passiert man aus nächster Nähe die Kraterwand – mit einem Wort: Der Weg ist das Ziel!
3 km westl. von Pýrgos

◎ Kloster Profítis Ilías
                              ▶ S. 120, C 14

Der Besuch des 1711 von den beiden Mönchen Joachim und Gabriel gegründeten Klosters wäre umso lohnenswerter, wenn doch das angeschlossene Museum zur Völkerkunde geöffnet wäre. Seit Jahren bleibt dieses aber für die Allgemeinheit verschlossen – leider, muss man ausdrücklich sagen, verwahrt es in seinen Räumen doch viel Hintergründiges über die Geschichte des Klosters und seine Rolle während der türkischen Herrschaft.

Doch wenigstens bleibt dem Besucher ein schöner Panoramablick, wenn auch die benachbarten Radareinrichtungen des Militärs etwas stören. Außerdem kann das Kloster selbst durchaus besucht werden; man erreicht es, wenn man unter den Glockenträgern an der Seite durchgeht und über die dortige Terrasse. Im Kircheninneren sind u. a. die Ikonostase mit den Heiligenbildern sehenswert sowie andere Sakralgegenstände. Bemerkenswert ist der Bau über mehrere Stockwerke, was auf den Platzmangel zurückzuführen ist.

Besichtigung Mi–So 5–9 und 16–18 Uhr

3 km südl. von Pýrgos

◎ Weinkellerei Santos

▶ S. 120, B 14

Diese Weinkellerei ist fester Bestandteil vieler touristischer Bustouren und deswegen ständig entsprechend frequentiert. Aber ein Stopp bei dem kastellähnlichen Gelände lohnt sich schon wegen der Terrasse mit Calderablick – also eher ein Tipp für den frühen Abend, z. B. während der Rückfahrt aus dem Süden, wenn man zum Sonnenuntergang ein Glas Wein probieren möchte.

An der Kreuzung nach Akrotíri und Firá • Tel. 2 28 60/2 25 96 • www.santowines.gr • tgl. 9–20 Uhr

1 km westl. von Pýrgos

Vóthonas

▶ S. 120, C 13

200 Einwohner

Der kleine Ort bezaubert vor allem durch die spannende Mischung aus uralten Höhlenwohnungen, die noch heute als Ställe oder Lagerräume Verwendung finden, und neueren Wohnhäusern, die unmittelbar daneben integriert wurden. Auffallend ist die reiche Bepflanzung der gesamten Siedlung, was in dieser Ausbreitung auf Santorin beispiellos ist. Aus jedem Stückchen Erde, aus jedem Mauerspalt scheinen Feigen- und Eukalyptusbäume und Palmen herauszuwachsen; enge Gässchen und Treppen führen an den zum Teil steilen Hängen entlang, und irgendwie fühlt man sich in diesem Ort wie in einem zauberhaften Freilichtmuseum … Schön anzusehen ist auch die alte, aber immer noch funktionsfähige Windmühle.

Keine Frage: Vóthonas bot mit seiner Lage in der Schlucht und den unauffälligen Höhlenhäusern einst einen recht guten Schutz vor Piraten, die nicht so ohne Weiteres hierher fanden. Besondere Aufmerksamkeit verdient hier auch die Höhlenkirche **Panagías Sergeínas**, die westlich außerhalb des Ortes liegt und aus der Zeit jener Piratenüberfälle stammt, als man Zufluchtsorte benötigte. Im Gotteshaus herrscht kühle Schlichtheit in Dunkelheit.

Im Ort befindet sich noch die kleine Kapelle **Ágios Prokópios**. Auch dieser Raum ist nur sehr spärlich ausgestattet. Allerdings gibt es draußen eine kleine Terrasse, von der aus man in Ruhe das schlichte Ensemble auf sich wirken lassen kann. Trotzdem: Interessierte müssen sich den Türschlüssel im Ort erfragen, da das Tor meistens verschlossen ist.

Der Süden

Reizvolle Badebuchten, tolle Wassersportangebote und schöne Wanderwege bestimmen den Süden Santorins. Und Archäologie-Fans lockt die weltberühmte Ausgrabungsstätte Akrotíri.

◄ Einer der schönsten Strände Santorins, Red Beach (► S. 76), wird von imposanten roten Felsen eingefasst.

Der Norden

Die Inselmitte

Der Süden

Es vergeht keine Saison, in der nicht irgendwo am Strand zwischen **Períssa** und **Kap Exomítis** eine neue Taverne oder eine weitere Unterkunft ihre Tore öffnet. Die Nachfrage ist riesig, denn der Strand im Süden Santorins ist längst ein Publikumsmagnet. Außerdem kann man dort besonders reizvolle Badebuchten wie den **Red Beach** entdecken. Verschiedene Wanderrouten entlang der Wasserlinie oder auch querfeldein bieten sich dem Naturfreund an – verlaufen kann man sich kaum in der übersichtlichen Gegend westlich des **Profítis Ilías**.

Akrotíri ist mit seiner gleichnamigen Ausgrabungsstätte das unbestrittene Highlight aller Ausflüge und Sightseeingtouren. Auch wenn die archäologischen Arbeiten in der einst unter Bimsstein versunkenen Stadt nur langsam vorankommen – die vergleichsweise unzerstörten Spuren einer fast 4000 Jahre alten Siedlung sind ein Muss für jeden Santorin-Besucher.

Der äußerste Südwesten macht seiner weitläufigen Abgeschiedenheit alle Ehre. Hier finden sich nur noch landwirtschaftlich genutzte Felder, stille Buchten und ein einsamer Leuchtturm. Für manche ist es genau das, was sie suchen.

Akrotíri   ► S. 119, F 11/12

500 Einwohner

Wenn nicht die weltberühmte Ausgrabungsstätte gleich nebenan zu finden wäre, hätte das Dorf wohl weiterhin ein überschaubares Dasein gefristet: Die malerische Lage des kleinen Nests im äußersten Südwesten des Inselrings bleibt unbestritten, sein hübscher Anblick sowieso. Aber im Laufe der letzten Jahre haben doch immer mehr Hoteliers – und mit ihnen die Restaurantbesitzer – bemerkt, dass viele Touristen eine etwas entlegenere Ortschaft dem zweifelhaften Flair eines Ferienzentrums durchaus vorziehen – zumal dann, wenn das Preisgefälle offensichtlich ist.

Doch längst liegt auch Akrotíri nicht mehr verschollen im touristischen Abseits. Noch vor der Ortseinfahrt drängen sich die Hotels am südlichen Rand der Caldera. Das Dorf selbst lohnt freilich auch einen Abstecher: Nördlich der Platía am Ortseingang, dort, wo gleich zwei Tavernen in großen Lettern auf sich aufmerksam machen, führt eine enge Gasse zu den Ruinen von **Kástro Belógna**, einer mittelalterlichen Festung aus dem 17. Jh., die durch das Erdbeben von 1956 zu Schaden gekommen ist. Und unter der Vielzahl von kleinen und kleinsten Kirchen, die den Ort säumen, ist vielleicht doch **Ágios Epiphánios** besonders erwähnenswert. Am 29. Mai wird hier der Tag des Heiligen begangen.

SEHENSWERTES
Ausgrabungsstätte
Akrotíri 🛉🛉 **8**   ▶ S. 119, F 12

Es muss etwa um 1625 v. Chr. gewesen sein, als ein gewaltiger Ausbruch des Vulkans die minoische Siedlung an der Südküste der Insel unter einer teilweise meterdicken Schicht aus Asche und Bimsstein begrub und damit der Nachwelt überlieferte. Akrotíri, dieses Zeitzeugnis aus einer Epoche, die weit vor der Antike lag, ist ein absoluter Glücksfall. Denn wo sonst hätte man vorher kaum beschädigte Gegenstände des alltäglichen Bedarfs, die Aufschluss über das Leben in längst vergangenen Zeiten geben, in solcher Fülle vorgefunden?

WUSSTEN SIE, DASS …

… Santorins Vorgeschichte mit dem vernichtenden Vulkanausbruch vor knapp 4000 Jahren oft mit der Sage um die geheimnisvolle, versunkene Stadt Atlantis in Verbindung gebracht worden ist?

Es ist dem Ehrgeiz des 1974 verstorbenen Archäologen Spýridon Marinátos zu verdanken, dass sich hier seit dem ersten Spatenstich im Jahre 1967 ein Schatz aufgetan hat, der noch immer nicht in seiner Gänze gehoben werden konnte – so umfangreich sind die Funde, die die Ausgrabungsstätte bis heute zu Tage gefördert hat: Lebensmittelgefäße, durch die man Rückschlüsse auf die Ernährungsgewohnheiten der Menschen von damals ziehen kann – vorwiegend stand wohl Ziegen- und Schaffleisch, aber auch viel Gemüse wie Linsen, Kichererbsen oder Saubohnen auf dem Speiseplan; Möbel

wie das »älteste Bett Europas«, dessen Konturen in den Ascheschichten erkennbar waren und dessen 1,60 m langer Nachbau im Nationalmuseum von Athen Hinweise auf die Körpergröße jener Zeitgenossen gibt. Das Fehlen von Waffen weist auf den friedvollen Charakter der minoischen Bevölkerung hin; die entdeckten Abwasserleitungssysteme und bis zu dreistöckige Häuserfassaden mit opulenten Wandgemälden künden von ihrem hohen Lebens- und Bildungsstandard.

Was bislang nicht gefunden wurde, sind Spuren von Toten oder Wertgegenstände wie Schmuck oder Münzen. Dies lässt vermuten, dass die Menschen seinerzeit rechtzeitig gewarnt wurden und fliehen konnten. Vieles deutet darauf hin, dass es wohl bereits geraume Zeit vor dem Vulkanausbruch heftige Erdbeben gegeben hat, sodass den Menschen wenigstens so viel Zeit blieb, das Notwendigste zu retten.

Viel weiß man noch nicht über die einstige Stadt an der Südküste. Ein Bauerndorf wird Akrotíri vermutlich aber nicht gewesen sein, denn dafür waren die Einwohner etwas zu wohlhabend. Lag hier vielleicht eine Handelsstadt mit Hafen? Noch bleiben viele Fragen offen – insbesondere die über das Schicksal der geflohenen Einwohner. Möglicherweise konnten sie sich in eine andere Region retten, vielleicht sind sie aber auch im Meer ertrunken. Die Suche bei Akrotíri geht jedenfalls weiter.

Das Ausgrabungsgelände ist bis auf Weiteres geschlossen. Viele Exponate können im Prähistorischen Museum in Firá sowie im Pétros-Nomikós-Kongresszentrum in Firestofani besichtigt werden.

Akrotíri ✪

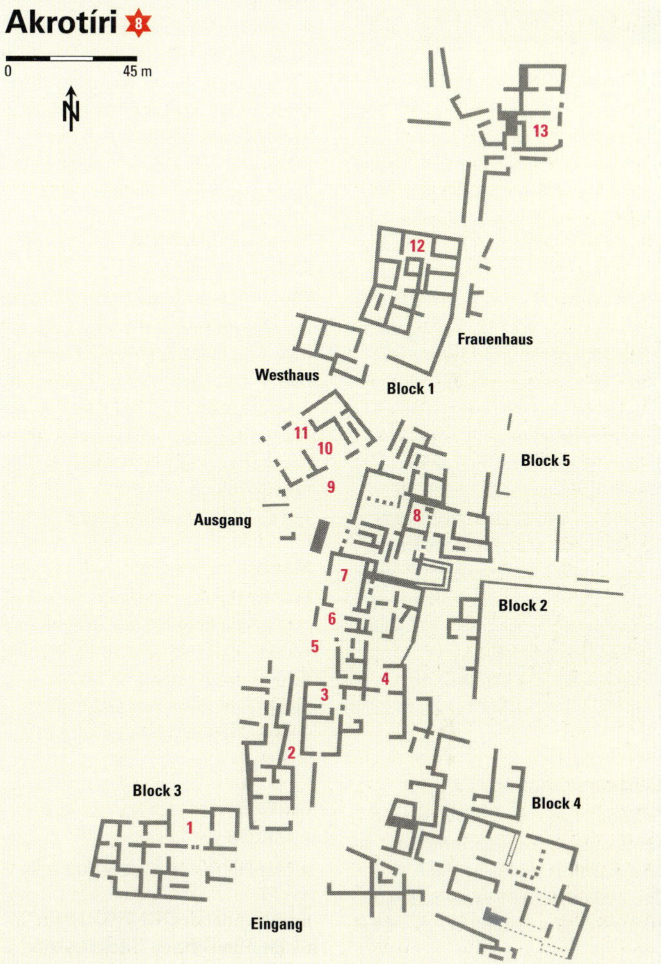

0 _____ 45 m

↑ N

13

12

Frauenhaus

Westhaus

Block 1

11

10

9

Block 5

Ausgang

8

7

6

5

Block 2

4

3

2

Block 3

1

Block 4

Eingang

© MERIAN-Kartographie

1 Dreistöckiges Haus
2 Telchinen-Straße
3 Fresko der Antilopen und jungen
  Faustkämpfer
4 Fresko der Affen
5 Mühlenplatz
6 Mühle
7 Wahrscheinlicher Verkaufsraum
  von Töpferwaren

8 Fresko des Frühlings
9 Dreiecksplatz
10 Fresko der jungen Priesterin
11 Fresko der Schiffe
12 Fresko der Papyruspflanzen,
   weibliche Figuren
13 Nordmagazin

MERIAN-Tipp 9

LEUCHTTURM VON FÁROS
▶ S. 118, C 11

Der kleine Wegweiser für die Schiffe auf dem kleinen Gebäude ist an und für sich nichts Besonderes, und trotzdem werden viele Touristen und Einheimische regelmäßig von ihm an den äußersten Südwesten der Insel »gelotst«. Es ist die Aussicht inmitten von Hängen aus Bimsstein und Lavaformationen in allen möglichen Farbschattierungen, die den Weg lohnt. Man sollte etwas Vorsicht beim Wandern walten lassen, denn hier geht es mitunter tief nach unten, und von befestigten Wegen kann keine Rede sein. Der Blick auf die gesamte Caldera bis nach Oía und auf die einlaufenden Fähren und Linienschiffe ist dennoch eine bleibende Erinnerung.
5 km westl. von Akrotíri

ÜBERNACHTEN
Caldera Romantica 👨‍👩‍👧

Schöne Lage am Calderarand • Großzügiges Familienhotel mit allem Komfort inklusive Pool.
Tel. 2 28 60/8 14 81 • www.caldera romantica.gr • 28 Zimmer • ♿ • €€€

Akrotíri 👨‍👩‍👧

Lauschig • Traumhafte Lage unmittelbar am Strand, von dem auch das Badeboot zum White Beach ablegt. Schöne Restaurantterrasse mit großen weißen Sonnenschirmen, herrlicher Meerblick auch aus den Zimmern. Einfache, saubere Zimmer.
200 m von der Ausgrabungsstätte • Tel. 2 28 60/8 13 75 • 12 Zimmer • €€

Kalimera

Gemütlich und kreativ • Kleines, freundliches Hotel kurz vor der Ortseinfahrt nach Akrotíri. Nette, traditionell eingerichtete, saubere Zimmer, teilweise mit Balkon.
Tel. 2 28 60/8 18 55 • www.kalimera-santorini.com • 12 Zimmer • €€

ESSEN UND TRINKEN
Panorama

Unter Einheimischen • Der Name ist Programm und deshalb im Preis mit drin: Das Lokal liegt vor der Ortseinfahrt auf der Calderaseite und prunkt mit einer entsprechenden Aussicht. Gute griechische Standardkarte, Treffpunkt auch von Einheimischen.
Tgl. ab 12 Uhr geöffnet • €€€

María

Wie zu Hause • Spezialität des Hauses ist Kaninchen, und auch die Vorspeisenplatte ist sehr zu empfehlen. Schattig zugewachsene Terrasse.
Neben dem Hotel Paradise in der unteren Ortseinfahrt • tgl. ab 11 Uhr geöffnet • €€

SERVICE
AUSKUNFT

An der Platía • Tel. 2 28 60/8 19 10

Ziel in der Umgebung
◎ Der äußerste Südwesten
▶ S. 119, D/E 11/12

Es lohnt durchaus, sich in dieses abgelegene Gebiet zu begeben, das von Landwirtschaft geprägt ist und noch sehr wenig mit Tourismus zu tun hat. Von Akrotíri kommend folgt man einfach der asphaltierten Straße zum **Leuchtturm Fáros** (▶ MERIAN-Tipp, S. 74) am südwestlichen Zipfel des Inselhalbkreises.

Die Ruinen der Ausgrabungsstätte Akrotíri (▸ S. 72) stellen ein bedeutendes Zeugnis kykladischer Frühgeschichte dar. Ein Besuch ist unbedingt empfehlenswert.

Am etwa 5 km langen Weg geht es links und rechts zu mehreren kleinen Kirchen und auch zu bislang kaum entdeckten Badebuchten, außerdem hat man rechter Hand immer wieder einen Postkartenausblick auf das Kraterbecken und auf den Felsen **Aspronísi** sowie auf die Südspitze von **Thirassía**.

Zum kleinen Badestrand **Kampía** geht es nach knapp 3 km, nachdem zwei Kirchen passiert wurden, links auf einen Schotterweg ab. Unten am Strand findet man sogar eine kleine Taverne mit gleichem Namen. Der Leuchtturm am Ende der Küstenstraße mag selbst nicht unbedingt ein touristisches Highlight darstellen, doch auch hier ist am späten Nachmittag die Aussicht besonders schön, und es lohnt ein Verweilen. Unterwegs ist übrigens ein Halt in der **Café-Taverne Aeolos** zu empfehlen. Die Portionen sind zwar nicht eben riesig, dafür aber schmackhaft, und der Ausblick über die Caldera ist einfach ein Magnet. 4 km nordwestl. von Akrotíri

SEHENSWERTES
Red Beach 9

Der Strand breitet sich spektakulär wie kein anderer auf der Insel unter einer dunkelroten Lavawand aus. Der Weg dorthin ist allerdings nichts für Schläppchenträger(-innen), denn unmittelbar beim Strand wird der Spaziergang zur echten Kletterpartie. Es gibt einen Kiosk am Parkplatz, der eisgekühlte Getränke verkauft. In der Nähe befinden sich auch Tavernen: eine direkt am Strand, die auch den Sonnenschirmverleih organisiert, sowie zwei Fischtavernen kurz vor dem Parkplatz, wovon in erster Linie die zur Meeresseite (Ta Delfínia, tgl. ab 12 Uhr, €€€) trotz vergleichsweise hoher Preise empfohlen werden kann (▸ S. 31).

White Beach

Recht feiner, aber keinesfalls »weißer« Sandstrand. Wegen der umständlichen Anfahrt – die Bucht ist nur mit dem Boot vom Anleger beim Hotel Akrotíri aus zu erreichen – meist nur wenig besucht. In der Regel fährt das Badeboot stündlich (▸ S. 31).

Emborió   ▸ S. 120, B 15
1700 Einwohner

Dieser Ort hat es wahrlich nicht leicht, vom »gemeinen Touristen« entdeckt zu werden. Wer hier durchfährt, hat in Firá schon einiges gesehen, oder er will auf direktem Weg zum Strand. Oder beides. Zudem ist Emborió auf den ersten Blick nicht unbedingt eine Augenweide, zumindest nicht von der großen Durchgangsstraße aus gesehen, die weiter nach Períssa führt. Doch man muss sich nur in den mittelalterlichen Dorfkern aufmachen, um das Kontrastprogramm zu erleben: Hier, im oberen Ortsteil, finden sich die Reste einer Befestigungsanlage, die von einem wahren Labyrinth aus kleinen Gassen, Bogendurchgängen, Wehrmauern, Treppchen und weißen Kirchen mit blauen Kuppeln durchzogen ist und damit jeden potenziellen Angreifer aus damaliger Zeit ziemlich verwirrt haben müsste. Weil Emborió bislang nicht von Reisegruppen überrannt wurde, fehlen im Ortskern – noch – die Attribute einer Touristenattraktion, was dem sorgfältig bewahrten Ambiente natürlich zugute kommt, zu dem auch die vollständig erhaltene Kirche **Panagía** aus dem 15. Jh. gehört.

Etwas außerhalb des alten Ortskerns in nördlicher Richtung liegt der alte **Wehrturm Goúlas Froúrio** aus byzantinischer Zeit, der heute neben einer großen Palme etwas »zerschossen« wirkt. Ursprünglich war er als Fluchtburg für den Fall von Belagerungen gebaut worden. Später fand die venezianische Adelsfamilie D'Argenta Gefallen an der Immobilie und ließ den Turm zu einem ungewöhnlichen Wohnsitz umbauen.

Westlich von Emborió erhebt sich, direkt an der Hauptverkehrsstraße, eine Kirche mit einer (insel-)typischen Geschichte: Wo sich heute die kleine **Ágios Nikólaos Marmarítis** hinter einer kleinen Mauer vor dem Durchgangsverkehr versteckt, stand einst ein dorischer Tempel aus dem 3. Jh. v. Chr. In byzantinischer Zeit wurde er in eine christliche Kirche verwandelt. Reste eines dorischen Gesimses sind noch an den ionischen Säulen zu erkennen, die im Kircheninneren ein Bildnis des hl. Nikolaus tragen.

Nachgerade melancholisch wirken außerhalb von Emborió die acht verfallenen **Windmühlen** am Westhang des Gavrílos-Berges. Keine von ihnen ist heute mehr funktionsfähig, wie man an den fehlenden Flügeln und abgedeckten Dächern auf den ersten Blick erkennen kann.

ESSEN UND TRINKEN
Platís

Abseits gelegen • Eines der wenigen Lokale im Ort, die nicht direkt an der lärmenden Durchgangsstraße liegen. Erkennbar an einem Obelix-Plakat – dabei müsste der Gallier sich hier mit Lamm und Spaghetti begnügen…

Am Ortseingang, aus Teríssa kommend • tgl. ab 12 Uhr geöffnet • €€

EINKAUFEN

Im Süden des Ortes gibt es einen großen Supermarkt, der ab und zu auch deutsche Tageszeitungen bereithält.

SERVICE
MEDIZINISCHE VERSORGUNG

An der Durchgangsstraße befindet sich eine Erste-Hilfe-Station (ausgeschildert).
Tel. 2 28 60/8 12 22

Teríssa   ▸ S. 121, D 15
200 Einwohner

Man kann es sich kaum vorstellen, wenn man im Sommer dem quirligen Treiben hier an Santorins Paradestrand beiwohnt, aber dennoch ist es wahr: Dieser Ort am Fuße des riesig wirkenden **Méssa Vounó** ist im Winter ein kleines Nest mit nur einer Handvoll Einwohner…

Es ist noch gar nicht lange her, da waren die touristischen Angebote an dem kilometerlangen Strand ziemlich überschaubar. Heute expandiert

Wie in einem Labyrinth aus unzähligen verwinkelten Gassen fühlt man sich in dem malerischen kleinen Ort Emborió (▸ S. 76) im Süden Santorins.

Der lange schwarze Sandstrand von Períssa (▶ S. 77) ist bei Reisenden beliebt, die im Urlaub vor allen Dingen Sonne, Sand und Meer genießen wollen.

die Ortschaft und mit Períssa auch der Nachbarort und der daneben. Mit einem kykladentypischen Ambiente hat das Ganze natürlich kaum noch etwas zu tun, aber das wird von den vornehmlich jüngeren Urlaubern, die sich hier einfinden, auch gar nicht groß erwartet.

Orte wie Oía und Kamári wirken fast etwas hausbacken im Vergleich zum Zentrum der Beachpartys. Hier, wo die Strände von **Períssa**, **Perívolos** und **Ágios Geórgios** bis fast ans **Kap Exomítis** ineinander übergehen, steht der Badespaß im Mittelpunkt. Und die Möglichkeiten sind dementsprechend groß: Vom puren Faulenzen am dunklen – aber im Vergleich zur Ostküste etwas feinkörnigeren – Lavastrand über Surfen, Wasserski und Tauchen ist hier alles im Angebot. Und die Auswahl an Unterkünften, Tavernen und Adressen des Nachtlebens verhält sich

analog zu den Zahlen der Feriengäste, die jedes Jahr ein bisschen größer werden. Kurzum: Períssa ist etwas für diejenigen, die in erster Linie einen (aktiven) Strandurlaub verbringen möchten. Und wer zwischendurch dennoch einmal etwas von der atemberaubenden Landschaft des südlichen Inseldrittels erleben möchte, hat es auch nicht weit.

SEHENSWERTES
Tímios Stavrós

Es scheint fast, als habe jemand nicht gewusst, wohin mit einer schon fertig gebauten Kirche, und ein anderer habe gesagt, in Períssa sei doch noch Platz. Denn irgendwie passt der wuchtige Sakralbau nicht so ganz in eine Landschaft, in der Restaurants, Cafés und Läden dominieren, zumal das Gotteshaus mit seinem großen Glockenturm und den insgesamt fünf blauen Kuppeln auch noch das zweitgrößte seiner Art auf der ganzen Insel ist.

Doch natürlich ist alles umgekehrt: Zuerst war die Mitte des 19. Jh. gebaute Kirche da und danach erst der Urlauberstrom. Schon zuvor befand sich an derselben Stelle ein byzantinisches Kloster – und noch früher wiederum ein antiker Rundbau, der nach heutigem Wissensstand ein frühchristlicher Tempel aus dem 1. Jh. gewesen sein könnte. Der Glockenturm ist erst in den 1970er-Jahren fertiggestellt worden.

Am 29. August und 14. September findet in Tímios Stavrós jeweils eine Kirchenweihe statt.

ÜBERNACHTEN

Veggera 🏨🏨

Einmalige Lage • Sehr schöne Anlage aus Suiten, Appartements und Studios sowie normalen Zimmern. Vor dem Haupthaus im Palazzostil breitet sich ein Swimmingpool aus; die großen Wohneinheiten verfügen jeweils über eine Kitchenette.
Direkt am Strand • Tel. 2 28 60/ 8 20 60 • www.veggerahotel-santorini. com • 41 Zimmer • ♿ • €€€€

Porto Períssa 🏨🏨

Angenehmes Familienhotel • Nur einen Steinwurf vom Strand entfernt. Alle Zimmer mit Kühlschrank, Stereoanlage und Safe, teilweise mit Meerblick. Großer Frühstücksraum; Kinderpool.
Etwas abseits des Strandes, etwa auf Höhe der örtlichen Bank • Tel. 2 28 60/8 19 62 • www.hotelporto perissa.gr • 20 Zimmer • ♿ • €€€

Amaryllís

In Strandnähe • Einfaches, aber sauberes Hotel mit großen Zimmern und besonders reichhaltigem Frühstück.
An der Hauptstraße • Tel. 2 28 60/ 8 11 73 • www.amaryllis-santorini. com • 28 Zimmer • €€

ESSEN UND TRINKEN

Forum

▸ MERIAN-Tipp, S. 17

Lava

Inselbekannt • Diese Taverne ist auch unter den Einheimischen bis hinauf nach Oía ein Begriff und entsprechend beliebt. Kein Wunder, denn hier wird der Gast noch ganz traditionell in die Küche gebeten, um sich sein Essen dort selbst auszusuchen.
Südl. vom Water Park auf der Strandseite • tgl. ab mittags geöffnet • €€€

Aquarius

Spaghetti und mehr • Ein kleines Boot vor dem Eingang des nett aufgemachten Lokals signalisiert, dass es hier, beidseitig der Strandstraße, Fischgerichte gibt, und auch die Fleischgerichte können sich sehen lassen.
Nahe der Stavrós-Kirche • Tel. 2 28 60/ 8 20 19 • http://aquariussantorini. com • tgl. ab mittags geöffnet • €€

Café del Mar

Szenetreff • Das Lokal punktet mit seiner interessanten Mittelmeer-(Speise-)Karte, zu der übrigens auch mit die besten Kaffeespezialitäten am Ort zählen. Manch einer mag jedoch von der gleichnamigen Musik, die stets im Hintergrund zu hören ist, nach einer Weile genug haben.
Am Strand • tgl. ab 12 Uhr geöffnet • €€

EINKAUFEN

Die meisten Supermärkte mit einer größeren Auswahl an Waren befinden sich am Ortseingang, aber das Nötigste gibt es auch hier und dort in Strandnähe.

AM ABEND
Full Moon Bar

Hier trifft sich, wer sich zur Szene zugehörig fühlt. Manchmal treten Livebands auf, in der Regel hält aber der DJ die Tanzenden bei Laune.
Am Campingplatz, Ecke Hauptstraße • tgl. ab 9 Uhr geöffnet

Jazz

Im Prinzip hat diese Musikkneipe den ganzen Tag geöffnet, doch die richtige Stimmung kommt natürlich erst abends auf, wenn die Musiker live loslegen.
Neben dem Mediterranean Dive Club • tgl. ab 10 Uhr geöffnet

Yaya

Auf einem großen Areal in der ehemaligen Tomatenfabrik von Períssa breitet sich diese Mischung aus Café und Diskothek aus. Hier, am südlichen Strandabschnitt von **Perívolos**, überzeugt vor allem die entspannte Atmosphäre. Noch wird relativ wenig Techno-Musik gespielt.
Tgl. ab 18 Uhr geöffnet • Eintritt 6 €

SERVICE
AUSKUNFT

Wie in Firá muss man sich auch hier an eine der zahlreichen Travel Agencies im Ort wenden, die umfassende Informationen für Touristen bereithalten.

SPORT
Santorini Dive Center

Der Club bietet Tauchkurse für Anfänger und Fortgeschrittene sowie Unterwasserabenteuer (Höhlen-

Zwischen Kamári und Períssa verkehren Badeboote, die Tagesausflügler gerne nutzen, um den schönen langen Strand von Períssa (▶ S. 77) zu besuchen.

und Wracktauchen) für Profis an. Bei den Kursen kann man verschiedene international anerkannte Zertifikate erwerben.
Am Campingplatz • Tel. 2 28 60/ 8 31 90 • www.divecenter.gr • Tauchgang ab 55 €, Pakete und Bootsvermietung auf Anfrage

Am südlichen Ende des Strandes gibt es eine Windsurfschule, und natürlich bieten auf der gesamten Länge Verleiher ihre Produkte an: Vom Sonnenschirm und der passenden Liege (die sich wegen des heißen Lava-Sandes übrigens sehr empfiehlt) über Tretboote, Wasserski und Surfbretter bis hin zum lärmenden Skooter ist hier wirklich alles zu haben. Es lohnt sich aber in jedem Fall, zunächst einmal die Preise zu vergleichen, denn teilweise sind die Unterschiede erheblich.

Santoríni Water Park ⛱☂

► Familientipps, S. 33

VERKEHR
Badeboote
So wie sich von **Kamári** aus Badeboote auf den Weg hierher machen, pendeln sie auf derselben Route, vorbei am Felsvorsprung Méssa Vounó, natürlich auch wieder zurück. Die einfache Fahrt (vormittags) kostet 3 €. Am frühen Nachmittag verkehrt außerdem ein Boot zum **Red Beach** (► S. 76); allerdings fährt es von dort bereits um 16 Uhr wieder retour. Kostenpunkt 5 € pro Strecke.

Bus
Nach Firá etwa alle 30 Min.; einige Busse fahren einen Umweg über Perívolos und Vlicháda.

Ziel in der Umgebung
◎ Agía Iríni   ► S. 121, D 15
Etwa 200 m hinter **Tímios Stavrós** (► S. 78) findet man die Ruine dieser kleinen Kirche aus dem 4. Jh., die damit zu den ältesten Gotteshäusern der Insel zählt.

Vlicháda   ► S. 120, B 16
100 Einwohner
Der überschaubare Ort unweit der Südspitze von Santorin ist ein echtes Kleinod. Man ist vielleicht etwas überrascht, ausgerechnet hier auf eine recht große Marina zu treffen, in der nicht nur Fischerboote, sondern auch einige kostspielige Yachten vor sich hin schaukeln. Auch in Vlicháda sorgten früher zwei Tomatenfabriken für Arbeitsplätze; sie sind heute ebenso geschlossen wie anderswo auf der Insel, und hier wie dort versucht man sein Glück mit dem Tourismus. Der Ort wird indes wohl nie ein großes Ferienzentrum werden, denn der schwarze Kiesstrand ist zwar traumhaft schön, wird aber häufig von einer sehr kräftigen Brandung überspült, die für ängstliche Schwimmer und Kinder nicht besonders geeignet ist. So bleibt die verträumte Atmosphäre des Dorfes mit dem »Bilderbuchhafen« vielleicht erhalten.

ESSEN UND TRINKEN
Dimitris Restaurant Vlicháda
Fisch in allen Variationen • Alles kommt ganz frisch auf den Tisch, denn die Fischerboote machen in Rufweite zur Taverne fest. Vom Taramosaláta über die Calamáres bis zum Hecht spielen die Schätze des Meeres hier deshalb die Hauptrolle.
Direkt über dem Fischereianleger • Tel. 2 28 60/8 25 32 • €€

In Sichtweite von Santorin befindet sich
die kleine Vulkaninsel Néa Kaméni
(▶ S. 84), wo man den 128 m hohen
Geórgios-Krater besteigen kann.

Touren und
Ausflüge

Wer auf Santorin unterwegs ist, wird mit spektakulären Aussichten und malerischen Naturszenarien im
Reich der Vulkane belohnt.

Mini-Caldera-Kreuzfahrt – Island-Hopping zwischen den Kaméni-Inseln ⑩

CHARAKTERISTIK: Diesen Ausflug per Boot kann man sowohl von Oía als auch von Firá aus unternehmen **DAUER:** Halbtagesausflug, buchbar in jedem Reisebüro der Insel. Man ist je nach Reeder und ausgewählter Route zwischen 3 und

 6 Stunden unterwegs **EINKEHRTIPP:** Tavernen am Hafen in Córfos auf Thirassía

KARTE ▸ S. 115, E 2

Ein Tipp vorweg: Achten Sie auf die Boote – ihre Bequemlichkeit ist, besonders im Hinblick auf schattige Sitzgelegenheiten, doch recht unterschiedlich. Es versteht sich von selbst, dass man speziell auf dem Wasser für ausreichenden Sonnenschutz sorgen sollte; auch feste Schuhe und ein ordentlicher Trinkvorrat sind unerlässlich, da üblicherweise – insbesondere auf Néa Kaméni – ein etwas längerer Aufstieg zum schwefelumdampften Krater eingeplant ist. Besucher, die in den heißen Quellen untertauchen möchten, benötigen außerdem entsprechende Badesachen.

Oía/Firá ▸ Néa Kaméni

In der Regel steuern die Schiffe zunächst das erst vor rund 300 Jahren entstandene Vulkanarchipel **Néa Kaméni** an. In der grün schimmernden **Petroúliou-Bucht** wird meistens für eine Stunde festgemacht. Das ist leider reichlich knapp bemessen, denn der Aufstieg bis zum **Geórgios-Krater** ist auch bei zügiger Gangart in der prallen Sonne nicht schneller als in 20 Minuten zu schaffen. Der Marsch inmitten von Lavabrocken ist ein bizarres Naturerlebnis, das sich bei aller Schweißtreiberei doch lohnt. 128 m Höhenunterschied sind zu bewältigen, und ganz oben sind die etwa 100 Grad heißen

Dampfschwaden aus Schwefel und Stickstoff nicht nur deutlich zu sehen, sondern auch unüberriechbar.

Néa Kaméni ▸ Paléa Kaméni

Paléa Kaméni ist mit dem Ausflugsschiff nach weiteren 20 Minuten erreicht. Anlegen können die Boote hier allerdings nirgendwo – was aber nicht weiter stört, denn die große Attraktion sind ohnehin die 30–40 Grad warmen Quellen im Meer. Boot für Boot steigen die Touristen also direkt von Bord aus in das nach Schwefel riechende Wasser. Zuweilen wird den »**Hot Springs**« (vor allem von den Reiseveranstaltern) eine therapeutische Wirkung bei rheumatischen Leiden nachgesagt.

Paléa Kaméni ▸ Thirassía

Als letzte Station wird nach weiteren rund 30 Minuten Fahrt **Thirassía** angelaufen, besser gesagt der kleine Hafen **Córfos** unterhalb des Hauptortes **Manolás**. Während des meist zweistündigen Aufenthaltes auf der Insel hätte man theoretisch die Zeit, sich in knapp 30 Minuten die Serpentinentreppe in den Ort hinaufzumühen, um dort einzukehren oder einen Spaziergang zu unternehmen. Viel angenehmer ist aber der Verbleib in der stillen Bucht, zumal die ansässigen Tavernen allesamt gutes Essen zu vernünftigen Preisen im Angebot haben.

Autotour von Oía nach Kamári –
Vom weißen Dorf zum schwarzen Strand

CHARAKTERISTIK: Die Tour führt einmal quer über die Insel. Man kann sie auch in umgekehrter Richtung unternehmen **DAUER:** Tagesausflug **LÄNGE:** ca. 35 km **EINKEHRTIPP:** Taverna Eva, Messariá, tgl. 11–23 Uhr €
KARTE ▶ KLAPPE VORNE

Der Startpunkt dieser Route liegt im Zentrum von **Oía**, wo von der Hauptstraße der Weg Richtung Thólos und Baxédes Beach abzweigt. Ab hier geht es praktisch bis zum Nordstrand stetig bergab, vorbei an der Siedlung **Thólos**, und der Blick fällt auf weites Brachland, das nur durch einige Betonskelette gestört wird. Bis zum **Kap Kóloumbos** reihen sich etliche Strandabschnitte aneinander, die man fast für sich alleine hat, erreichbar über kleine Pisten. Direkt an der Straße haben sich mehrere Tavernen angesiedelt.

Póri ▶ Karterádos

An **Póri** vorbei fahren Sie weiter Richtung Süden. Nach etwa 2 km führt eine Straße rechts ab nach Firá und Oía; Sie fahren jedoch geradeaus weiter. Nach einigen hundert Metern erhebt sich rechter Hand die Kirche **Ágios Artémios**, die mit einem sehr idyllischen Innenhof aufwartet. Unweit davon befindet sich eine Reihe von Bimssteinhöhlen, die teilweise begehbar sind. Die Strecke führt anschließend durch Brachland nach **Voúrvoulos**, einem verträumt wirkenden Ort, der am steilen Hang

Von Imerovígli (▶ S. 48) mit seinen weißen Häusern und blauen Kirchenkuppeln genießt man einen atemberaubenden Blick über die Caldera und das Meer.

zu kleben scheint. Wenn Sie sich für die typischen Santoriner Höhlenwohnungen interessieren, sollten Sie hier einen Stopp einlegen; parken können Sie am besten an der Platía.

Kurvenreich und sehr steil zieht sich die Straße nun den Berg hinauf. An der Kreuzung fahren Sie geradeaus weiter den Berg hoch Richtung **Imerovígli**. Im Ort angekommen, genießen Sie den sagenhaften Blick über fast die gesamte Ostküste. Von hier aus fahren Sie weiter: den Berg hinunter über **Firostefáni** und **Firá** bis nach **Karterádos**.

Karterádos ▶ Messariá

Das frühere Seefahrerdorf ist heute eine Art Ausweichquartier für Urlauber, die in Firá kein Zimmer mehr bekommen haben. Trotzdem ist die Atmosphäre in Karterádos ursprünglich geblieben; viele Familien wohnen hier schon seit Generationen. Vor allem wegen seiner drei Kirchen, darunter die sagenumwobene katholische Kirche der hl. Anna, und den vielen Höhlenwohnungen ist das Dorf einen Besuch wert.

Fährt man weiter zum ortseigenen Strand, findet man dort außer einem noch wenig frequentierten Baderevier eine der besten Fischtavernen der ganzen Insel, das »Panos«. Zurück auf der Hauptstraße von Firá führt unser Weg dann weiter nach **Messariá**. Hier, wo heute die lebendige Betriebsamkeit der Dienstleistungsbranche regiert, lohnen einige sehenswerte Herrschaftshäuser in italienischem Baustil und ein hübscher Dorfkern die Entdeckung.

Messariá ▶ Kamári

An der großen Kreuzung in Messariá schlagen wir die Richtung Monólithos und Kamári ein. Es lohnt sich, beim **Weinmuseum**, das gleich nach der nächsten Abzweigung nach rechts zu finden ist, eine Pause zu machen. Hier erfährt man viel über die Geschichte der Weinernte auf Santorin. Bei einer Weinprobe sollte freilich zumindest der Autofahrer Vorsicht walten lassen: Der Inselwein hat es in sich!

Die Straße nach **Monólithos** führt nah am Pistenende des Flughafens vorbei. Der Ort selbst ist nach dem urzeitlichen Kalksteinfelsen benannt, der an der Ostspitze Santorins mehr als 30 m hoch aufragt. Der Strand hier ist übrigens gut für Kinder geeignet – er fällt im Wasser relativ flach ab. Über die Küstenstraße gelangt man schließlich zu dem beliebten Badeort **Kamári** mit seinem dunklen Lavasandstrand. Wer noch Zeit hat, kann von hier aus mit dem Wagen weiter die steile Serpentinenstraße bis zur Ausgrabungsstätte **Alt Thera** hinauffahren und dort nicht nur die alte Stadtanlage begehen, sondern auch den einzigartigen Blick sowohl auf Kamári als auch auf Eríssa auf sich wirken lassen.

Küstenwanderung von Períssa nach Akrotíri – Wasser, Vulkansand und Archäologie

CHARAKTERISTIK: Die Wanderung durch Vulkansand führt entlang der Küste **DAUER:** ca. 4,5–5 Std. **LÄNGE:** ca. 10 km **SCHWIERIGKEITSGRAD:** leicht bis mittel **ANFAHRT:** In der Regel besteht eine Busverbindung aus Firá, die Haltestelle liegt direkt am Bootsanleger nach Kamári gegenüber der Stavrós-Kirche **EINKEHR-MÖGLICHKEIT:** zahlreich entlang des Strandes, in Akrotíri die Fischtaverne Melina, tgl. ab 11 Uhr €

KARTE ▸ S. 121, D 15 – S. 119, F 12

Die Wanderung beginnt am Strand von **Períssa**. Achtung: Im Sommer sind (Bade-)Schuhe schon wegen der Hitze des feinkörnigen grauen Kieses unverzichtbar! Auf dem Weg zum südlichsten Punkt Santorins, dem Kap Exomítis, trifft man jedoch immer wieder auch auf parallel verlaufende Pfade, auf die man ausweichen kann. Der Vulkansand mag möglicherweise etwas mühsam zum Bewandern sein. Andererseits bietet die unmittelbare Nähe zum Wasser doch stets die angenehme Gelegenheit zur Abkühlung.

Períssa ▸ Kap Exomítis

Bis zum Kap Exomítis sind es gut 3 km. Nach etwas mehr als 2 km – die stillgelegte Tomatenfabrik dient als Orientierung – beginnt die **Echendra**. In diesem Gebiet, benannt nach hellenistischen Felsnekropolen bzw. der Schlangengöttin Echidna, finden Sie am Südosthang des 140 m hohen **Gavrílos-Berges** die Reste von Felsgräbern aus der Antike. Vom Meer aus können Sie sehr schön auch die alten Windmühlen erkennen, die sich auf dem Berg erheben.

Am Kap selbst soll sich einmal die antike Hafenstadt Eleusis befunden haben. Wenn Sie genau hinsehen, können Sie im flachen Wasser mit etwas Fantasie die Reste einer Mole

ausmachen. Spätestens inmitten dieser ursprünglichen Landschaft sind alle Anzeichen des Massentourismus, wie man sie am Strand noch vorfindet, verschwunden.

Kap Exomítis ▸ Akrotíri

Unmittelbar nach dem Kap kommen Sie an eindrucksvollen weißen Bimssteinwänden vorbei. Allerdings müssen Sie dazu auf einen Wald- und Wiesenweg wechseln, der etwas weiter oben liegt. Auf diesem Weg gehen Sie weiter, weil der Weg direkt am Wasser durch größere Felsen recht beschwerlich ist. Links von Dimitris Restaurant Vlichada biegen Sie ab und verfolgen den Weg oberhalb des Strandes weiter, der an der ehemaligen Tomatenfabrik entlangführt.

Vom **Kap Exomítis** bis zum Hotel Akrotíri sind es etwa 5 km, für die Sie genügend Zeit einplanen sollten. Vom Hotel gehen Sie dann nur noch wenige hundert Meter bis zur legendären **Ausgrabungsstätte** 🔺**8**. Wenn Sie unterwegs noch nicht gebadet haben, können Sie sich von hier mit dem Boot zum **White Beach** schippern lassen, oder Sie gehen noch das kurze Stück weiter zum **Red Beach** 🔺**9**, den Sie vom Hotel zunächst Richtung Ausgrabungsstätte und dann der Beschilderung folgend nach 600 m erreichen können.

Am Kraterrand von Firá nach Oía –
Dem Sonnenuntergang entgegen ...

CHARAKTERISTIK: Die Wanderung ist wegen des tollen Ausblicks über die Caldera bereits zum Santorin-Klassiker avanciert **DAUER:** ca. 4 Std. **LÄNGE:** ca. 11 km

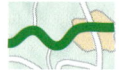

SCHWIERIGKEITSGRAD: mittel **EINKEHRTIPP:** Taverne Stéki tou Nikou, kurz nach dem Mikró Profitis Illías, Mo–Sa 10–17 Uhr €
KARTE ▶ S. 116, B 7–S. 115, E 2

Die Wanderung beginnt im Katholischen Viertel von **Firá**. Besonders empfehlenswert ist der Aufbruch am späten Nachmittag, wenn die größte Hitze vorüber ist. Außerdem kann man so beim Abstieg nach Oía sozusagen als Krönung die Sonne im Meer versinken sehen.

Firá ▶ Imerovígli

Schräg gegenüber vom Archäologischen Museum, dort, wo auch die Seilbahnstation liegt, folgen Sie der Odós Nomikoú, die als Treppenweg Richtung Norden führt. Wie in Firá genießt man auch hier stets das Caldera-Panorama. Vorbei an der Kapelle **Ágios Stikianós** erreichen Sie in einer guten Viertelstunde **Firostefáni**, eigentlich noch ein Stadtteil von Firá. Aufwärts gehen Sie weiter bis zum Nonnenkloster **Ágios Nikólaos**. Ursprünglich Ende des 17. Jh. innerhalb der Festung Skáros gegründet, wurde das letzte orthodoxe Frauenkloster der Insel im Jahr 1820 hinter den Mauern neu errichtet.

In wenigen Minuten erreichen Sie von hier über einen mit Kopfstein

Die faszinierenden Ausblicke, die sich auf dieser Wanderung immer wieder aufs Neue bieten, machen sie zu einem unvergesslichen Erlebnis.

gepflasterten Weg **Imerovígli**. Der Weg direkt am Kraterrand führt mitten durch einen der faszinierendsten Ferienorte Santorins: eine Mischung aus bunten Appartements, aufwendig restaurierten Höhlenwohnungen und gewagt in das Felsmassiv eingefügten Swimmingpools. Auf der Nordseite haben Sie, den Skáros-Felsen im Blick, den höchsten Punkt der Caldera erreicht. Genießen Sie von hier oben den großartigen Blick auf Firá und den Kraterrand.

Imerovígli ▶ Profítis Ilías

Am Ende des Ortes gelangen Sie zu einem größeren Platz. Ein weiterer Treppenweg schlängelt sich weiter nach Norden am Caldera-Rand entlang; nach einer kleinen Kapelle, die schon recht verfallen ist, kommen Sie kurz darauf an einem hinter dichten Zypressen versteckten Friedhof vorbei. Seine **Grabkapellen** sind durchaus einen Stopp wert; der Zutritt ist aber meistens nur über den Haupteingang an der Straßenseite möglich.

Nachdem es die letzten paar hundert Meter eher bergab gegangen ist, gehen Sie den Weg nun zum 320 m hohen **Profítis Ilías** hinauf. Auf seinem Gipfel erhebt sich eine weitere kleine Kapelle, die allerdings erst in den Siebzigerjahren des 20. Jh. erbaut worden ist. Auch hier lohnt sich wegen des wunderbaren Ausblicks eine Pause. Der Pfad abwärts schließt sich hinter dem Gebäude an – Achtung, er ist leicht zu übersehen! Vor allem erfordert besonders diese Etappe gutes Schuhwerk, denn im Gegensatz zum Aufstieg geht es hier teilweise sehr steil und geröllig hinunter bis zur Straße, die von Firá nach Oía führt.

An diesem farbenfrohen Haus in Oía (▶ S. 50) wächst eine Bougainvillea.

Profítis Ilías ▶ Oía

Der Kiosk-Wohnwagen unten am Straßenrand steht hier schon seit vielen Jahren und bietet Getränke und Obst zur Erfrischung an. An dieser Stelle ist die Insel am schmalsten, und Sie sehen sowohl auf die Caldera als auch auf die Ostküste herab.

Ab hier bieten sich Ihnen zwei Möglichkeiten: Entweder bleiben Sie auf der schmalen und serpentinenreichen Asphaltstraße, die zwar bis kurz vor Oía die Sicht auf die Caldera versperrt, dafür aber einen weiten Panoramablick über den dünn besiedelten äußersten Norden Santorins ermöglicht. Oder Sie biegen nach einem knappen halben Kilometer erneut auf den schmalen Pfad ab, der Sie wieder an den Kraterrand leitet. Über den **Megaló Vounó** und die kleine Kapelle **Ágios Stavrós** gehen Sie nochmals auf eine Höhe von 329 m. Und auch auf dem folgenden Abstieg hinunter nach **Oía** begleitet Sie ständig das unvergessliche Krater-Panorama.

Von Kamári nach Emborió –
Auf stillen Pfaden ins Mittelalter

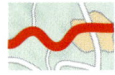

CHARAKTERISTIK: Die beschauliche Wanderung bietet viel fürs Auge **DAUER:** ca. 4–5 Std. **LÄNGE:** 10 km **SCHWIERIGKEITSGRAD:** leicht **EINKEHRMÖG-LICHKEIT:** in allen Dörfern auf der Strecke, z. B. Kadoúni, am zentralen Platz in Pýrgos, wo auch die Busse abfahren, tgl. ab 10 Uhr €
KARTE ▶ S. 121, D 14–S. 120, B 15

Bei dieser Wanderung sollten Sie den Fotoapparat nicht vergessen und möglichst früh aufbrechen. Am Ortsausgang von **Kamári** folgen Sie zunächst der Wegweisung nach Firá. Recht bald zweigt die Hauptstraße rechts ab, dann gehen Sie geradeaus in die kleine Allee, die nach Méssa Goniá führt. Bereits hier ist die byzantinische Kirche **Panagía Episkopí** 🔺 aus dem 12. Jh. ausgeschildert, die zu den ältesten und sehenswertesten Gotteshäusern der Insel zählt. Folgen Sie der Wegweisung und der zwischenzeitlich asphaltierten Straße in südlicher Richtung, und schließlich erreichen Sie durch ein schmiedeeisernes Tor den Eingang auf der rechten Seite. Nach der Besichtigung gehen Sie weiter in das Dorf hinein. Die hier ansässige Weinkellerei **Cánava Roússos** ist auf der ganzen Insel bekannt, und wenn Sie sich ein wenig Zeit nehmen, können Sie hier natürlich nicht nur die Räumlichkeiten besichtigen, sondern auch Weine verkosten.

Méssa Goniá ▶ Pýrgos

Zurück auf der Hauptstraße nehmen Sie die nächste Abzweigung zum Nachbardorf **Éxo Goniá**. Auch dieses Kleinod liegt eingebettet in eine sanfte Landschaft aus Weinfeldern. Einen Besuch lohnt hier die auffallende, einer Moschee nicht unähnliche Kathedrale **Ágios Chará-lambos**, die wegen ihrer atypischen roten Ziegelpfannen schon von Weitem auffällt. Anschließend folgen Sie wieder der Hauptstraße und gelangen nach etwa 1 km an eine Kreuzung, die links nach Pýrgos führt.

Pýrgos ▶ Emborió

Pýrgos mit seinem romantischen Gassenlabyrinth und dem mittelalterlichen Kastell verspricht einen ruhigen Aufenthalt; am zentralen Marktplatz können Sie natürlich auch etwas essen.

Das Ziel der Wanderung, Emborió, ist von hier aus nun leicht zu erreichen. Zunächst gehen Sie über die asphaltierte Straße zum **Kloster Profítis Ilías**. Von dort gelangen Sie über einen Dreschplatz zu einer neuen Kirche. Folgen Sie nun dem Eselpfad Richtung Süden, er ist gut erkennbar und führt über Terrassenfelder immer geradeaus ins schon sichtbare **Emborió**. Schön sind die saftigen Weinfelder mit Blick auf die Windräder über Emborio bis zum Meer.

Nach einem Bummel durch den reizvollen und noch kaum vom Tourismus entdeckten mittelalterlichen Dorfkern können Sie mit dem Bus weiter nach Baden fahren und von dort aus schließlich das Badeboot zurück nach Kamári nehmen. Als Alternative für den Rückweg bietet sich ein Taxi an.

Inselspaziergang auf Thirassía – Santorin wie vor 20 Jahren

CHARAKTERISTIK: Diese Wanderung ist im wahrsten Sinne des Wortes »einsame Spitze« für Ruhe suchende Individualisten **DAUER:** mindestens 3 Std. **LÄNGE:** ca. 11 km **SCHWIERIGKEITSGRAD:** leicht bis mittelschwer **EINKEHRTIPP:**

 Taverne Panórama in Córfos, gleich nach dem Treppenweg nach oben, tgl. 11–24 Uhr €
KARTE ▶ S. 114, C 3–C 4

Es lohnt sich, frühmorgens ab Oía oder Firá mit dem Taxiboot hinüber nach Córfos zu fahren. Die beschauliche Wanderung beginnt am Hafen **Córfos** unterhalb des Hauptortes **Manolás**. Dies bedeutet: Vor der eigentlichen Inselrunde müssen Sie zunächst einmal den Treppenweg nach oben »bezwingen«. Auf dem Rücken eines Maultiers, das samt Besitzer meistens bereitsteht, wenn die Ausflugsdampfer festmachen, ist die Strecke in etwa 15 Minuten zu schaffen, zu Fuß brauchen Sie knapp doppelt so lange. Sorgen Sie unbedingt für eine Kopfbedeckung und ausreichend Wasser, denn der Weg ist heiß und anstrengend.

Manolás ▶ Agrilío
Oben angelangt, durchqueren Sie den kleinen Ort durch die Hauptgasse in Richtung Süden – das heißt parallel zum östlichen Calderarand. Am Ende des Dorfes erhebt sich links die Hauptkirche **Ágios Konstantínos**. Gleich danach erreichen

Kleine Tavernen schmücken den Hafen Corfós auf Santorins Nachbarinsel Thirassía (▶ S. 54) und laden zum Verweilen ein.

Sie eine Kreuzung, an der Sie die Abzweigung rechts nach **Potamós** nehmen. Der Weg führt Sie zunächst über zwei Serpentinen und dann bergab bis in den Ort. Hier passieren Sie drei Kirchen und folgen dem Pfad anschließend erst einmal weiter Richtung **Ríva**. Ríva ist der Verkehrshafen von Thirassía. Hier halten die großen Autofähren nach Piräus. Südlich des Hafens gibt es eine Bademöglichkeit. Der Strand ist allerdings recht rustikal. Es gibt hier zwei Tavernen, die einfaches aber leckeres griechisches Essen anbieten. Recht bald taucht dann zur Linken eine Schotterpiste auf, auf der Sie südwärts nach Agrilío gehen. Auf diesem Teil der Wegstrecke können Sie recht gut die Erosionsrinnen erkennen, die sich bis zur Westküste der kleinen Insel ziehen.

Agrilío ▸ Ágios Christós

Dass Thirassía kaum bewohnt ist, können Sie unschwer erkennen. Der Weiler **Agrilío** ist schon seit Längerem verlassen, und auch die Klosterkirche **Panagía**, eigentlich ein schöner runder Bau, dessen – verschlossenes – Inneres voll von reichen Verzierungen sein soll, steht einsam in der Landschaft.

Sie wandern deshalb weiter nach Süden Richtung Christós-Kirche. Im Prinzip müssen Sie immer nur geradeaus gehen, was aber in der Praxis zunächst eine Linkskurve bedeutet. Dann überqueren Sie eine Kreuzung und orientieren sich einfach immer weiter in südöstlicher Richtung, genießen den Ausblick auf eine märchenhafte Landschaft aus verlassenen Häusern inmitten von ehemaligen Weinfeldern sowie mannshohen Kaktusfeigen. An der nächsten Kreuzung heißt es aufpassen: Der direkte Weg zu der Doppelkirche **Ágios Christós** führt links durch eine Mauer, die Sie nicht übersehen sollten – ansonsten hieße es querfeldein marschieren, was hier wegen der Hanglage nicht ganz unproblematisch wäre. Bei der Kirche lohnt sich eine Rast.

Ágios Christós ▸ Profítis Ilías

Der Weg weiter zur Ostküste ist ein wenig beschwerlich. Parallel zum Südhang, über den Sie auf die Südspitze Santorins blicken können, geht es teilweise steil bergauf – mehr oder weniger quer durch die Felder, bis Sie auf den Weg treffen, der nordwärts zurück nach Manolás führt. Sie biegen jedoch nach rechts in den Süden ab und gelangen hier recht bald zur Kirche **Profítis Ilías**. Leider ist auch dieses Gotteshaus stets verschlossen. Zum Trost genießen Sie von hier oben eine Postkartenaussicht auf die Caldera: Zur Abwechslung sind die beiden Kraterinseln nun einmal von Westen aus zu betrachten.

Aus der imponierenden Höhe von 200 m überschauen Sie außerdem die beiden Orte Firá und Imerovígli am Kraterrand von Santorin.

Profítis Ilías ▸ Córfos

Die letzte Etappe bis zur Umkehr nach Manolás führt über den kargen Süden direkt zum Kloster **Kímissi tís Theotókou**, das Ende des 19. Jh. erbaut worden ist und heute nur noch für einzelne Feste genutzt wird. Genießen Sie auch hier die spektakuläre Aussicht aus etwa 230 m Höhe auf die südliche Caldera mit dem unbewohnten Felsen Aspronísi im Vordergrund, bevor Sie sich wieder zurück zum Hafen **Córfos** in den Norden begeben, wo das Schiff nach Santorin wartet.

Feld- und Wiesenwanderung bei Oía – Verwöhnprogramm fürs Auge

CHARAKTERISTIK: Die herrlich einsame Tour hat zu jeder Jahreszeit ihren Reiz **DAUER:** etwa 5 Std. **LÄNGE:** ca. 15 km **SCHWIERIGKEITSGRAD:** leicht

 **EINKEHRTIPP:** Taverne Santorini-Mou in Finikiá, Tel. 2 28 60/ 7 17 30, tgl. ab 12 Uhr €

KARTE ▶ S. 115, E 2

Die Tour beginnt am Buswendeplatz in Oía. Sie folgen zunächst der Straße Richtung Nordwesten. Bei der zweiten Biegung der Teerstraße verlassen Sie diese bei dem gut erkennbaren Kiesweg, der zudem seitlich eingezäunt ist. Es geht nun nach Nordosten. Schon nach kurzer Strecke hat das Schottersträßchen ein Ende, und Sie müssen sich mit einem simplen Pfad durch die Wiesen begnügen. Man gelangt zu einer kleinen Kapelle, von der aus sich ein wunderbarer Ausblick auf die Landschaft unterhalb von Oía genießen lässt. Ab sofort wandern Sie parallel zur Nordostküste, die immer wieder von Trockenmauern gesäumt wird. Sie kommen zu einer zweiten Kapelle und gehen von dort aus immer weiter an der Küste entlang. Links sehen Sie bei gutem Wetter die Nachbarinsel Anáfi. Nach einer Weile treffen Sie auf die Asphaltstraße, die von Oía zum zumeist menschenleeren Strand **Baxédes** führt. Sie überqueren diese Straße und spazieren südostwärts durch die Weinfelder der Apano Meriá, wie die Gegend hier genannt wird.

Oía ▶ Kyra Panagía

Die Kirche **Kyra Panagía** ist schon von Weitem an ihrer leuchtend blau-weißen Farbe zu erkennen. Hinter ihr erheben sich die Vulkanhänge des Kokkinovúno und des Megalovoúno. Die kleine weiße Kapelle wenige hundert Meter unterhalb der Kyra Panagía dient als Orientierung. Nun müssen Sie den Treppenweg nehmen, der zur 1930 erbauten Kirche führt.

Kyra Panagía ▶ Kap Kóloumbos

Von hier aus bietet sich noch eine Verlängerung der Wanderung an die Küste an, zum Kap Kóloumbos. Ein Feldweg bringt Sie wieder zu der Asphaltstraße, die von Oía über Baxédes weiter nach Póri führt. Nach ihrer Überquerung bietet sich die Möglichkeit, direkt am Kieselstrand entlang zu wandern und auch mal kurz in die Fluten abzutauchen.

Das **Kap Kóloumbos** zeichnet sich durch seine bizarren Klippenformationen aus. Zwischen den beiden großen Felsen soll früher einmal ein Hafen existiert haben.

Der Rückweg führt erneut an der Kirche vorbei bis nach **Finikiá**, einem Ort, der bis heute seine Ursprünglichkeit weitestgehend bewahrt hat. Die örtliche Taverne stellt eine angemessene Belohnung für die »Strapaze« dar, die hinter Ihnen liegt. Sie gilt unter vielen Santorin-Experten als eine der stimmungsvollsten Tavernen der Insel. Auch tagsüber greift immer mal wieder jemand zum Instrument und spielt ein paar Takte. Vom Dorf aus sind es dann nur noch knapp 2 km zurück nach Oía.

Farbenfrohes Treiben: Prozessionen zu
Ehren des Schutzheiligen rund um die
Kirche Agios Christodoulos im Dörfchen
Karterádos (▶ S. 63) sind besonders bunt.

Wissenswertes
über Santorin

Nützliche Informationen für einen gelungenen
Aufenthalt: Fakten über Land, Leute und Geschichte
sowie Reisepraktisches von A bis Z.

Auf einen Blick

Mehr erfahren über Santorin – Informationen über Land und Leute, von Bevölkerung über Politik und Religion bis Wirtschaft.

AMTSSPRACHE: Griechisch
EINWOHNER: ca. 13 500
FLÄCHE: gesamtes Archipel mit Nachbarinseln ca. 89 qkm, Hauptinsel ca. 72 qkm
GRÖSSTE STADT: Firá, 1800 Einwohner
HÖCHSTER BERG: Profítis Ilías, 568 m
INTERNET: www.santorini.gr
RELIGION: 97 % griechisch-orthodox, 0,6 % römisch-katholisch
WÄHRUNG: Euro

Bevölkerung

Offizielle Zahlen weisen für die Insel rund 13 500 Einwohner aus, was eine Bevölkerungsdichte von etwa 151 Einwohnern pro Quadratkilometer ausmacht. Mitgezählt sind dabei die rund 150 Seelen, die auf der kleinen Nachbarinsel Thirassía leben.

Immer seltener sind alteingesessene Bauern und Fischer anzutreffen, denn immer mehr Festlandgriechen wähnten in dem Eiland eine touristische Goldgrube. Dadurch ist Santorin in Teilen zwar etwas zersiedelt, andererseits aber auch mit weltoffenem Flair versorgt worden.

Politik

Griechenland, als Ursprungsland der Volksherrschaft, ist seit dem Sturz des Obristenregimes im Jahre 1974 eine parlamentarische Demokratie. Wahlen werden alle vier Jahre

◄ Der Verkauf von Kunsthandwerk an Touristen ist eine wichtige Einnahmequelle auf der Insel.

abgehalten. Insgesamt 288 Abgeordnete werden dabei in 56 Wahlkreise und zwölf Abgeordnete über landesweite Parteilisten gewählt. Aus den Parlamentswahlen, die aufgrund der Wirtschaftskrise vorgezogen wurden, ging am 4. Oktober 2009 die sozialdemokratische Pasok als Sieger hervor. Seitdem ist Geórgios Papandréou Premierminister des Landes.

Religion

In Griechenland gehören 97 % der Bevölkerung dem griechisch-orthodoxen Glauben an, zu den Minderheiten gehören rund 125 000 Moslems, 37 000 Katholiken, 12 000 Protestanten und jeweils 6000 Juden und Armenier.

Im Jahre 1054 kam es zum Bruch zwischen der orthodoxen Kirche und dem römischen Katholizismus, der bereits seit dem 9. Jh. den Alleinvertretungsanspruch der Christen für sich beanspruchte.

Gerade auf den Kykladen und damit auch auf Santorin leben neben der Mehrheit auch Katholiken, was auf die venezianische Einwanderung im 13. Jh. zurückgeht.

Sprache

Zunächst einmal sind die Griechen stolz auf ihre Sprache mit der ganz eigenen Schrift. Aber keine Angst, die ganz auf den Tourismus eingestellten Santoriner können vielfach Englisch, und mancher von ihnen wartet, als ehemaliger »Gastarbeiter«, gar mit Deutschkenntnissen auf. Es kommt allerdings immer gut an, wenn man sich die einfachsten Redewendungen wie Begrüßungen zu eigen macht.

Wirtschaft

Einst gehörte Santorin zu den Regionen Europas, die besonders erfolgreich Landwirtschaft betrieben – die bäuerliche Prägung der Einwohner ist bis heute allgegenwärtig. Die wirtschaftliche Blüte galt für den Bereich der Fischerei ebenso wie für den Anbau von Tomaten und Wein. Der Fischbestand ist mittlerweile längst dezimiert worden und die Tomatenverarbeitung der billigen ausländischen Konkurrenz zum Opfer gefallen. Geblieben ist der Wein, der von diversen Kellereien verkauft und exportiert wird.

Längst ist jedoch der Tourismus zum Wirtschaftszweig Nummer eins gewachsen; er konzentriert sich freilich auf die Hauptorte am Kraterrand. Arbeitskräfte werden in den verschiedenen Sparten der Branche nach wie vor gesucht, gefragt sind dadurch auch junge Menschen, die z. B. des Englischen mächtig sind – ein Argument für die Jugend, nicht aufs Festland abzuwandern. Der Dienstleistungssektor der Tourismusindustrie hat sogar eine Zuwanderung aus anderen Teilen des Landes bewirkt.

Keine Frage: Auch Santorin ist von der tief greifenden Wirtschaftskrise Griechenlands betroffen. Bestimmte Subventionen und Vergünstigungen sowie Ausnahmeregelungen sind zusammengestrichen oder angeglichen worden – die Insel muss künftig mit weitaus weniger Unterstützung aus Athen auskommen und mit seinen Ressourcen besser haushalten.

Geschichte

Um 3000–2000 v. Chr.

Erste Besiedlungen auf der Halbinsel Akrotíri und am Südzipfel des heutigen Thirassía.

Um 2000–ca. 1630 v. Chr.

Auf Santorin entsteht der Ort Akrotíri. Er wird der minoischen Kultur zugerechnet, deren Zentrum Kreta ist.

Um 1630 v. Chr.

Verheerender Vulkanausbruch, der die bronzezeitlichen Siedlungen unter einer Bimsstein-Schicht begräbt.

Um 1200 v. Chr.

Neue Besiedlung, vermutlich durch Phönizier.

Um 1100–700 v. Chr.

Dorer zerstören die Kultur der bisherigen Bevölkerung zum Großteil. Ihr Führer Theras gründet um 900 v. Chr. sieben Städte auf der Insel, die nun seinen Namen trägt.

Um 630 v. Chr.

Auswanderungswelle nach Libyen. Santorin handelt mit Wein, Keramik und Stoffen. Ein eigenes Alphabet entsteht und ersetzt das bisherige phönizische.

3. Jh. v. Chr.

Ptolemäos I. Soter macht Santorin wegen der strategisch überaus günstigen Lage zu einem Flottenstützpunkt.

2. Jh. v. Chr.

Rom siegt im Krieg gegen Makedonien – so wird auch Santorin römische Provinz.

197 v. Chr.

Erneuter Vulkanausbruch. In der Mitte der Caldera entsteht so die Insel Paléa Kaméni.

305 n. Chr.

Die hl. Irene, Schutzheilige Santorins, stirbt im Zeichen der Christenverfolgung den Märtyrertod.

391 n. Chr.

Das Christentum wird neue Staatsreligion.

395 n. Chr.

Byzanz regiert über die Kykladen; allerdings bleibt die Inselgruppe relativ autonom.

9. und 10. Jh.

Regelmäßige Überfälle von Piraten, weswegen die Bevölkerung Santorins in Höhlenwohnungen Schutz sucht. Bau der ersten griechisch-orthodoxen Kirchen.

1204

Die Kykladen fallen nach dem Vierten Kreuzzug fränkischer Seefahrer und dem Sieg über Konstantinopel an Venedig. Die Insel wird nach der hl. Irene benannt.

1480

Jacopoll I. Crispi schenkt seiner Tochter Fiorenza zur Hochzeit die Insel Santorin. Exportboom bei Wein, Oliven und Baumwolle.

1540

Chaíreddin Barbarossa, Großadmiral des osmanischen Sultans, überfällt die Kykladen. Die Venezianer ziehen sich nach und nach zurück.

Unter der Herrschaft der Türken kehrt auf den Inseln Glaubensfreiheit ein, die Verwaltung wird wieder unabhängig, außerdem entstehen enge Handelsbeziehungen mit dem Mittleren Osten.

16. und 17. Jh.
Mehrere schwere Vulkanausbrüche und Erdbeben.

1768–1774
Im Russisch-türkischen Krieg stellen sich auch Santorins Einwohner auf die Seite der Russen, da man sich dadurch Autonomie von den Türken erhofft.

1821–1829
Santorin nimmt am Freiheitskampf der Griechen gegen die Türkei teil. Am Ende steht der Frieden von Adrianopel.

1832
Zwei Jahre nach der Gründung des griechischen Staates werden auch die Kykladen Teil des Königreichs. Der Wittelsbacher Otto I., Sohn des philhellenischen bayerischen Königs Ludwig I., wird erster König. Etliche Reformen in Bildung, Justiz und Landwirtschaft, vor allem aber im Umgang mit dem antiken Erbe gehen auf ihn zurück.

1919–1922
Die Griechen verlieren den Krieg mit der Türkei um die kleinasiatische Westküste.

1941–1944
Besetzung Griechenlands zunächst durch italienische, anschließend durch deutsche Truppen. Auch Santorin wird okkupiert.

1946–1949
Griechischer Bürgerkrieg.

1952
Beitritt Griechenlands zur NATO.

9. Juli 1956
Ein schweres Erdbeben erschüttert Santorin. Mehr als 3000 Häuser werden zerstört, über 50 Menschen verlieren ihr Leben.

1967–1974
Unter dem Diktator Geórgios Papadópoulos regiert eine Militärjunta das Land, die erst am 1. August 1974 gestürzt werden kann. Aus den ersten Parlamentswahlen am 17. November geht der Kandidat der konservativen Néa Demokratía als Sieger hervor.

1981
Griechenland wird Mitglied der Europäischen Gemeinschaft (EG).

2001
Griechenland wird als zwölftes Mitglied der EU aufgenommen und führt ab 1. Jan. 2002 den Euro ein.

2004
Athen richtet die Olympischen Sommerspiele aus.

2009
Die Neuwahlen gewinnt die sozialdemokratische PASOK unter Geórgios Papandréou.

2009/2010
Aufgrund der immensen Verschuldung des griechischen Staates kann Griechenland einen Staatsbankrott nur durch ein Rettungspaket der europäischen Staatschefs abwenden.

Sprachführer Neugriechisch

In allen größeren Hotelanlagen wird auch Deutsch gesprochen, in kleineren Hotels, in Restaurants und Souvenirgeschäften von Fall zu Fall. Hauptverkehrssprache im Tourismus ist Englisch. Orts- und Straßenschilder weisen fast immer eine Umschrift in lateinischen Buchstaben auf. Für diesen Reiseführer wurde nicht die international normierte Umschrift aus dem Griechischen gewählt, sondern eine, die deutschsprachigen Reisenden die richtige Aussprache griechischer Wörter möglichst erleichtert. So schreiben wir nicht nach traditioneller Art »Kalymnos«, sondern »Kálimnos«. Der Akzent zeigt die betonte Silbe an, mit einem Vokal beginnende, groß geschriebene Wörter (Eigen- und Ortsnamen) ohne Akzent werden stets auf der ersten Silbe betont. Für die Verständ-lichkeit ist richtige Betonung meist wichtiger als eine korrekte Aussprache! Als Faustregel für die Aussprache gilt, dass alle Silben kurz und die Vokallaute offen ausgesprochen werden.

Zum kleinen Grundwortschatz sollten die Zauberwörter »efcharistó« (danke) und »parakaló« (bitte) gehören und als Ausdruck von vielseitiger Verwendbarkeit »jássas«. Das sagt man zur Begrüßung (wie »Guten Tag«, »Grüß Gott« und »Grüezi«), zum Abschied (wie »Tschüss«, »Servus« und »Ade«) und beim Heben der Gläser (»Prosit«). Es bedeutet schlicht »Auf Ihre/eure Gesundheit«. Die Griechen freuen sich, wenn ihre Besucher sich bemühen, zumindest einige Floskeln in der Landessprache zu beherrschen. Probieren Sie es einmal mutig aus!

Das griechische Alphabet

Groß-buch-stabe	Klein-buch-stabe	Name	Ausspracheregeln	Um-schrei-bung
A	α	álfa	kurzes a wie in »Hand«	a
B	β	wíta	w wie in »Wonne«	w
Γ	γ	gámma	j wie in »Jonas« vor den Vokalen -i und -e, weiches g vor den übrigen Vokalen	j, g
Δ	δ	délta	wie stimmhaftes engl. th, z. B. in »the«	d, D
E	ε	épsilon	e wie in »Bett«	e
Z	ζ	síta	stimmhaftes s wie in »Rose«	s
H	η	íta	kurzes i wie in »Ritt«	i
Θ	θ	thíta	wie stimmloses englisches th, z. B. in »thanks«	th
I	ι	jóta	i wie in »Ritt«	i
K	κ	káppa	k wie in französisch »col«	k
Λ	λ	lámbda	l wie im Deutschen	l
M	μ	mi	m wie im Deutschen	m
N	ν	ni	n wie im Deutschen	n
Ξ	ξ	ksi	ks wie »Axt« oder »Lachs«	x
O	ο	ómikron	o wie »oft«	o

Groß-buch-stabe	Klein-buch-stabe	Name	Ausspracheregeln	Um-schrei-bung
Π	π	pi	p wie in französisch »pomme«	p
Ρ	ρ	ro	Zungenspitzen-R wie im Italienischen	r
Σ	σ,ς	sigma	stimmloses s wie in »Tasse«;	s, ss
			stimmhaftes s wie in »Rose« vor	
			stimmhaften Konsonanten	s
Τ	τ	taf	t wie in französisch »tableau«	t
Υ	υ	ípsilon	kurzes i wie in »Ritt«	i
			w wie in »Wonne« nach Alfa und Epsilon, wenn ein stimmhafter Konsonant folgt	w
			f wie in »Fehler« nach Alfa und Epsilon, wenn ein stimmloser Konsonant folgt	f
Φ	φ	fi	f wie in »Fehler«	f
Χ	χ	chi	ch wie in »ach« vor a-, o- und u-Lauten sowie vor Konsonanten	ch
			ch wie in »ich« vor e- und i-Lauten	ch
Ψ	ψ	psi	ps wie in »Pseudonym«	ps
Ω	ω	ómega	o wie in »oft«	o

Buchstabenkombinationen

AI	αι	álfa-jóta	e wie in »Bett«	e
EI	ει	épsilon-jóta	i wie in »Ritt«	i
OI	οι	ómikron-jóta	i wie in »Ritt«	i
OY	ου	ómikron-ípsilon	u wie in »bunt«	u
AY	αυ	álfa-ípsilon	af wie in »Affe« vor stimmlosen Konsonanten, in allen anderen Fällen	af
			aw wie in »Avus«	aw
EY	ευ	épsilon-ípsilon	ef wie in »Effekt« vor stimmlosen Konsonanten, in allen anderen Fällen ew wie in »Beweis«	ef ew
ΓΓ	γγ	gamma-gamma	ng wie in »lang«	ng
ΜΠ	μπ	mi-pi	In Fremdwörtern (meist am Wort-anfang) wie deutsches b, in Wortmitte (außer bei Fremdwörtern) mb wie in »Amboss«	b mb
ΝΤ	ντ	ni-taf	wie oben: in Fremdwörtern ... wie deutsches d, im Wortinneren ... wie nd in »Anden«	d nd
ΓΚ	γκ	gamma kappa	wie oben: in Fremdwörtern ... wie deutsches g, im Wortinneren ... wie ng in »lang«	g ng

Wichtige Wörter und Ausdrücke

ja – nä
nein – óchi
vielleicht – íssos
bitte – parakaló
danke – efcharistó
Wie bitte? – oríste
und – kä
Ich verstehe nicht – Denn katala-
  wéno
Entschuldigung – signómi
Guten Morgen – kaliméra
Guten Tag – kaliméra
Guten Abend – kalispéra
Gute Nacht – kaliníchta
Hallo – jássas
Ich heiße … – Mä léne …
Ich komme aus… – Íme ápo …
Wie geht's? – Ti kánete?
Wie spät ist es? – Tí ora ine?
Danke, gut – kalá
wer, was, welcher – pjoss, ti, pjoss
wie viel – Pósso
Wo ist … – Pu íne …
wann – Pótte
Wie lange … – Possón keró …
Sprechen Sie Deutsch? – Miláte
  jermaniká?
Auf Wiedersehen – Adío
Wie wird das Wetter? – Poss tha íne
  o keróss?
heute – símera
morgen – áwrio

Zahlen

eins – énnas, mía, énna
zwei – dío
drei – tris, tría
vier – tésseris, téssera
fünf – pénde
sechs – éksi
sieben – eftá
acht – októ
neun – ennéa
zehn – dékka

20 – íkossi
30 – triánda
40 – saránda
50 – penínda
60 – eksínda
70 – efdomínda
80 – okdónda
90 – ennenínda
100 – ekkató
1000 – chíljes
10 000 – dékka chiljádes

Wochentage

Montag – deftéra
Dienstag – tríti
Mittwoch – tetárti
Donnerstag – pémpti
Freitag – paraskewí
Samstag – sáwato
Sonntag – kiriakí

Unterwegs

Wie weit ist es nach … – Pósso
  makriá ine ja …
Wie kommt man nach … – Poss
  boró na páo ja …
Wo ist … – Pu íne …
  die nächste Werkstatt – to siner-
  jío edó kondá
  der Bahnhof/Busbahnhof –
  o stathmós trénon/leoforíon
  eine U-Bahn – énne stathmós tu
  elektrikú
  der Flughafen – to aerodrómio
  die Touristeninformation – to
  praktorío turistikón pliroforon
  die nächste Bank – mía trápesa
  edó kondá
  die nächste Tankstelle – éna
  wensinádiko edó kondá
Ich möchte … – Tha íthela …
Wissen Sie …? – Ksérete …?
Haben Sie …? – Échete …?
Wo finde ich … – Pu ine edó …
  einen Arzt – énnas jatrós
  eine Apotheke – éna farmakío

Bitte voll tanken! – Jemíste, parakaló!
Normalbenzin – wensíni aplí
Diesel – petréleo
bleifrei – amóliwdi
rechts/links/geradeaus –
deksjá/aristerá/efthía
Ich möchte ein Auto/ein Fahrrad
mieten – Thélo na nikjásso ena
aftokínito/éna podilato
Wir hatten einen Unfall – Íchame
éna atíchima
Eine Fahrkarte nach … bitte – Éna
issitírjo ja … parakaló

Übernachten
Zimmer – domátio
Einzelzimmer – monóklino
Doppelzimmer – díklino
Bett – krewáti
Haus – spíti
Küche – kusína
Toilette mit Dusche – tualétta me
dous
Bad – bánjo
Schlüssel – klidí
Preis – timí
Ich suche ein Hotel – Psáchno éna
ksenodochío
Ich suche ein Zimmer – Psáchno
éna domátjo
    für 2/3/4 Personen – ja dio/tría/
    téssera átoma
Haben Sie ein Zimmer frei? –
    Échete ena domátjo eléfthero?
    für eine Nacht – ja mía níchta
    für zwei Tage – ja dio méres
    für eine Woche – ja mía ewdo-
    máda
Ich habe ein Zimmer reserviert –
    Éklissa éna domátjo
    mit Frühstück – mä pro-i-nó
    mit Halbpension – mä éna
    jéwma
Kann ich das Zimmer sehen? –
    Bóro nado to domátjo?

Ich nehme das Zimmer – Tha to
páro
Kann ich mit Kreditkarte zahlen? –
    Bóro na pirósso mä pistotikí
    kárta?
Haben Sie noch Platz für ein Zelt/
    einen Wohnwagen? – Ipárchi
    akóma méros ja mía skiní/éna
    trochóspito?

Essen und Trinken
Die Speisekarte, bitte – Ton katá-
logo, sass parakaló
Die Rechnung, bitte – Ton logarjas-
mó, parakaló
Alles zusammen, bitte – Ólla masí,
parakaló
Ich hätte gern einen Kaffee – Tha
íthela éna kaffé
Ist dieser Stuhl noch frei? – Íne eléf-
theri aftí í thési?
Wo sind die Toiletten? – Pu íne i
tualéttes?
    Damen/Herren – jinékes/ándres
Frühstück – pro-i-nó
Mittagessen – jéwma
Abendessen – dípno

Einkaufen
Wo gibt es …? – Pu échi, pu ipárchi?
Haben Sie …? – Échete …?
Wie viel kostet das? – Pósso
échi/pósso kostísi?
Das ist sehr teuer – Íne polí akriwó
Geben Sie mir bitte 100 g/ein
    Pfund/ein Kilo – Dóste mu, sass
    parakaló ekkató grammária/mísso
    kiló/éna kiló
Danke, das ist alles – Aftá, efcharistó
Briefmarken für einen Brief/eine
    Postkarte – grammatóssima ja éna
    grámma/ja mía kárta
    nach Deutschland/ – ja tin
    jermanía/
    Österreich/ – ja tin afstría/
    in die Schweiz – ja tin elwetía

Kulinarisches Lexikon

A

achládi (αχλάδι) – Birne

aláti (αλάτι) – Salz

arnáki (αρνακι) – Lamm

arní (αρνί) – Hammel

  – me patátes (με πατάτες) –
mit Kartoffeln

  – me piláfi (με πιλάφι) – mit Reis

áspro krassí (ασπρο κρασί) –
Weißwein

astakós (αστακός) – Hummer

awgó, awgá (αυγό, αυγά) – Ei, Eier

B

bakaljáros (μπακαλιάρος) –
Stockfisch

baklavás (μπακλαβάς) – Süßspeise
aus Blätterteig mit Nüssen, Man-
deln, Pistazien und Honig

bámjes (μπάμιες) – Okraschoten

bugátsa (μπουγάτσα) – süßes Blät-
terteiggebäck mit Sahne oder
Creme gefüllt

briám (μπριάμ) – in Olivenöl
gekochtes Gemüse

brisóla (μπριζόλα) – Kotelett
(Rind oder Schwein)

C

chirinó (χοιρινό) – Schwein

choriátiki (χωριάτικη) – Bauernsalat mit Schafskäse

chórta (χόρτα) – Grüngemüse

chtapódi xidáto (χταπόδι ξυδάτο) –
marinierter Oktopussalat

D

diáfora orektiká (διάφορα ορετικά)
– gemischte Vorspeisen

dolmádes (ντολμάδες) – mit Reis,
(selten) mit Hackfleisch gefüllte
Weinblätter

domatósupa (ντοματόσουπα) –
Tomatensuppe

dsadsíki (τζατζίκι) – Joghurt mit
geriebener Gurke, Knoblauch,
Zwiebeln und Olivenöl

E

eljés (ελιές) – Oliven

ellinikós (ελληνικός) – griechischer
Kaffee

F

fassoláda (φασολάδα) – Bohnen-
eintopf

fassólja (φασόλια) – Bohnen

fáwa (φάβα) – gelbes Linsenpüree

féta (φέτα) – weißer Schafskäse

fráules (φράουλες) – Erdbeeren

frúta (φρούτα) – Obst

G

gála (γάλα) – Milch

gíros (γύρος) – Geschnetzeltes vom
Drehspieß

gliká (γλυκά) – Süßspeisen

J

Jaúrti ajeládos (γιαούρτι αγελάδος)
– Joghurt aus Kuhmilch

  – prówjo (πρόβειο) – aus Schafs-
milch

jemistá (γεμιστά) – mit Reis (und
ggf. Hackfleisch) gefüllte Tomaten
und Paprikaschoten

K

kafés (καφές) – Kaffee

  – glikós (γλυκός) – süß

  – métrios (μέτριος) – leicht gesüßt

  – skéttos (σκέτος) – ungesüßt

kalamarákja (καλαμαράκια) –
Tintenfische

karpúsi (καρπούζι) – Wassermelone

kefalotíri (κεφαλοτύρι) – Hartkäse

keftédes (κεφτέδες) – Hackfleisch-
kugeln

kléftiko (κλέφτικο) – im Backofen geschmortes Lammfleisch mit Gemüse

kokkinistó (κοκκινιστό) – mit Tomaten gekochtes Fleisch

kókkino krasí (κόκκινο κρασί) – Rotwein

kolokithákia (κολοκυθάκια) – Zucchini

kotópoulo (κοτόπουλο) – Huhn

krassí (κρασί) – Wein
  – chíma (χύμα) – offener Wein

kréas (κρέας) – Fleisch

L

lachaniká (λαχανικά) – Gemüse

lachanosaláta (λαχανοςαλάτα) – Krautsalat

ládi (λάδι) – Öl

lukániko (λουκάνικο) – Bratwurst

M

marídes (μαρίδες) – Sardellen, die fritiert mit Gräten, Kopf und Schwanz verzehrt werden

méli (μέλι) – Honig

melitsánes (μελιτζάνες) – Auberginen

melitsanosaláta (μελιτζάνοςαλάτα) – kaltes Auberginenpüree

mesédes (μεζέδες) – Vorspeisen

mílo (μήλο) – Apfel

mos-chári (μοςχάρι) – Kalb

mussakás (μουσακάς) – Auberginenauflauf mit Hackfleisch, Kartoffeln und einer Béchamel-Sauce

N

neró (νερό) – Wasser

nescafé (νέσκαφέ) – Instant-Kaffee
  – frappé (φραπέ) – kalt
  – sestó (ζεστό) – heiß

O

orektiká (ορετικά) – Vorspeisen

oúzo (ούζο) – Anisschnaps

P

païdákja (παïδάκια) – gegrillte Lammkoteletts

patátes (πατάτες) – Kartoffeln
  – tiganités (τηγανιτές) – Pommes frites

piláfi (πιλάφι) – Reis, Risotto

pipéri (πιπέρι) – Pfeffer

portokáli (πορτοκάλι) – Orange

psári, psárja (ψάρι, ψάρια) – Fisch, Fische

psomí (ψωμί) – Brot

R

rísi (ρύζι) – Reis

S

sáchari (ζάχαρι) – Zucker

saganáki (σαγανάκι) – gegrillter oder überbackener Käse

saláta (σαλάτα) – Salat

simariká (ζυμαρικά) – Teiggerichte, auch Pasta

skórdo (σκόρδο) – Knoblauch

spanáki (σπανάκι) – Spinat

spanakópita (σπανακόπιτα) – mit Spinat gefüllter Blätterteig

stifádo (στιφάδο) – eine Art Gulasch aus Rindfleisch oder Hase mit Zwiebeln

sudtsukákja (σουτζουκάκια) – Hackfleischbällchen in Sauce

suwláki (σουβλάκι) – Schweinefleischspießchen

T

taramosaláta (ταραμοςαλάτα) – Fischrogenpüree

tirópitta (τυρόπιτα) – Käsetasche

tirí (τιρί) – Schafskäse

tis scháras (της σχάρας) – vom Grill

tónnos (τόνος) – Thunfisch

W

wodinó (βοδινό) – Rind

wútiro (βούτυρο) – Butter

Reisepraktisches von A–Z

ANREISE

MIT DEM FLUGZEUG

Wie die meisten anderen griechischen Urlaubsziele wird auch Santorin von den Touristen vorwiegend mit dem Flugzeug angesteuert. Spätestens ab April und bis in den November hinein herrscht am kleinen Flughafen **Monólithos** Hochbetrieb. Da der Airport nur über ein bescheidenes Areal und minimale Gepäckabfertigungskapazitäten verfügt, kommt es nicht selten vor, dass ankommende Maschinen Warteschleifen drehen müssen, bis am Boden wieder ein Stellplatz zur Verfügung steht.

Aus deutschen Städten wird Santorin direkt nur von Chartergesellschaften wie etwa Hapagfly, Air Berlin und Condor angeflogen. Olympic Airways bietet in den Sommermonaten durchschnittlich fünf Verbindungen täglich ab Athen an. Ab Frankfurt, Düsseldorf und München besteht außerdem mehrmals wöchentlich via Athen eine Alternative mit Aegean Airlines.

Direktverbindungen nach Santorin bestehen (mit von Saison zu Saison oft wechselnden Fluggesellschaften) außerdem ab Wien, Salzburg und Zürich.

Auf www.atmosfair.de und www.myclimate.org kann jeder Reisende durch eine Spende für Klimaschutzprojekte für die CO_2-Emission seines Fluges aufkommen.

Weiterfahrt ab Flughafen

Wer einen Charterurlaub gebucht hat, wird nach der Ankunft mit dem Bus des Veranstalters zu seinem Hotel gebracht, was sich – je nach Veranstalter und Lage der Unterkunft – etwas in die Länge ziehen kann. Mit dem Taxi ist man in 10 Min. in der Hauptstadt Firá, in 25 Min. beispielsweise in Oía. Kamári ist in wenigen Minuten erreicht.

MIT DEM SCHIFF

Wer in der glücklichen Lage ist, mindestens vier bis sechs Wochen Zeit für seinen Urlaub zu haben, kann über den langen Trip mit Auto und Fähre (z. B. via Italien) unter Umständen nachdenken – für alle kürzeren Zeiträume gilt dies ganz bestimmt nicht.

Übers Meer nach Santorin zu reisen ist freilich die faszinierendste Möglichkeit, der griechischen Inselgruppe zu begegnen.

Das Angebot an Fährverbindungen ist mehr als ausreichend, zuweilen verliert man gar den Überblick bei der Masse von Reedern und deren Routen. Im Zuge der EU-Liberalisierung, die es auch ausländischen Anbietern ermöglicht, ins lukrative Fährgeschäft einzusteigen, wird sich dies eher noch verschlimmern.

Immerhin gelangt man in **Athen** vom neuen Airport Elefthérios Venizélos per Expressbus oder U-Bahn schnell zum Hafen Piräus. Von dort aus legen von Mai bis Oktober täglich gleich mehrere Fähren Richtung Santorin ab. Je nach Zahl der Zwischenstopps (in Íos, Náxos, Páros und Syros) benötigen die Schiffe zwischen neun und 13 Stunden für die einfache Fahrt (Kostenpunkt rund 22 €). Längst haben sich auch in Griechenland nicht nur moderne Groß-, sondern auch schnelle Katamaranfähren und Tragflügelboote etabliert, die die Strecke mit wesentlich mehr Komfort und in rund fünf Stunden, dafür aber zum doppelten Preis zurücklegen.

Eine Alternative kann der auch nicht weiter vom Athener Flughafen entfernte Anleger von **Rafína** an der Ostküste Attikas sein. Hier machen sich allerdings nur ein- bis zweimal täglich Fähren nach Santorin auf den Weg.

In der Hochsaison ist hier wie dort auf jeden Fall eine frühzeitige Buchung zu empfehlen.

Einzelheiten erfahren Sie in Ihrem Reisebüro oder beim griechischen Fremdenverkehrsamt.

www.greekferries.gr (auch mit deutscher Version), www.dolphins.gr

AUSKUNFT

IN DEUTSCHLAND, ÖSTERREICH UND DER SCHWEIZ

Griechische Zentrale für Fremdenverkehr (EOT)

– Neue Mainzer Str. 22, 60311 Frankfurt am Main • Tel. 0 69/2 57 82 70 • www.gzf-eot.de
– Opernring 8, 1015 Wien • Tel. 02 22/5 12 53 17 • www.gzf-eot.de
– Löwenstr. 25, 8001 Zürich • Tel. 01/2 21 01 05 • www.gzf-eot.de

AUF SANTORIN

Da es auf der Insel bislang keine Geschäftsstelle der Griechischen Zentrale für Fremdenverkehr (EOT) gibt, muss man sich für Auskünfte oder Buchungen an Reiseagenturen vor Ort wenden.

BUCHTIPPS

Walter Friedrich: Feuer im Meer. Der Santorin-Vulkan, seine Naturgeschichte und die Atlantis-Legende (Spektrum Akademischer Verlag, 2004) Dem Autor gelingt es durch seine lebendige und persönliche Schilderung, Vulkanforschung als spannendes Abenteuer zu vermitteln. Sein unterhaltsames Buch erläutert, ergänzt durch zahlreiche Bilder und Grafiken, wie Geologen, Archäologen und Botaniker aus winzigen Details und mit unterschiedlichen Methoden dem katastrophalen Vulkanausbruch auf der Insel Santorin auf die Spur kommen.

Heidi-Bauerle: Santorin. Rezepte & Bilder aus der Ägäis (Hädecke, 2001) Genuss für alle Sinne: Heidi Bauerle, Autorin und Künstlerin, nutzte Santorin als inspirierende Quelle für ihr »Koch-Kunst-Reisebuch«. So entstand eine hübsche Sammlung von Originalrezepten der Insel, kommentiert von Fischern und Gemüsefrauen, von Weinbauern und Wirtinnen – gelungen umrahmt von kleinen Geschichten, Federzeichnungen und Aquarellen, die Licht und Leben und die für einen Maler schier unerschöpfliche Landschaft und Architektur wunderbar einfangen.

DIPLOMATISCHE VERTRETUNGEN

Botschaft der Bundesrepublik Deutschland

Odós-Karaóli-Dimítrou 3, Athen • Tel. 2 10/7 28 51 11 • www.athen-diplo.de

Botschaft der Republik Österreich

Vass Sofias 4, Athen • Tel. 2 10/7 25 72 70

Schweizer Botschaft

Odós Iassíou 2, Athen • Tel. 2 10/7 23 03 64 • www.eda.admin.ch/athens

FEIERTAGE

1. Jan. Neujahr und Fest des hl. Vassilis
6. Jan. Epiphanías (Dreikönigstag)
10. Feb. Hl. Charálambos in Éxo Goniá
25. März Tag der Unabhängigkeit
Ostern Das orthodoxe Osterfest fällt nur selten mit unseren Osterfeiertagen zusammen, da es nach dem julianischen Kalender berechnet wird.
1. Mai Tag der Arbeit
9. Mai Hl. Christopheros in Pýrgos
12. Mai Hl. Epiphaníos in Akrotíri
29. Mai Hl. Theodosía in Akrotíri
24. Juni Geburt Johannes des Täufers
15. Aug. Mariä Himmelfahrt
28. Okt. Óchi-Tag (Nationalfeiertag)
25./26. Dez. Weihnachten

An nationalen Feiertagen haben alle Büros, Banken, Behörden und Geschäfte geschlossen.

GELD

Kreditkarten werden von fast allen Hotels, Restaurants und Autoverleihfirmen akzeptiert. Und natürlich kann mit ihnen und der EC-Karte aus den meisten Bankautomaten Geld abgehoben werden. Bedenken Sie aber die u. U. hohen Gebühren. Banken sind in der Regel von Mo–Do 8–14, Fr bis 13.30 Uhr geöffnet. Geld kann auch in allen Postämtern gewechselt werden; sie lösen auch Reiseschecks ein.

INTERNET

www.santorini-greece.biz
Ganz hilfreich, um einen generellen Überblick zu bekommen. Relativ übersichtlich gestaltet. Zahlreiche weiterführende Links.

www.santorini.net
Englisch- und griechischsprachige Website mit vielen Informationen, auch Fahrplänen der Fähren und einer ganzen Reihe von wichtigen Telefonnummern. Fotos, Hoteltipps und gute Linksammlung.
www.sonnenziele.net/santorini.htm
Ein erster kurzer Überblick über Landschaft, Sehenswürdigkeiten, Strände und Nachtleben (deutsch).

MEDIZINISCHE VERSORGUNG
KRANKENVERSICHERUNG

Die Vorlage einer Europäischen Krankenversicherungskarte (EHIC) ist ausreichend. Als zusätzlicher Versicherungsschutz empfiehlt sich der Abschluss einer Auslandskrankenversicherung, da diese Krankenrücktransporte mitversichert.

KRANKENHAUS

Es gibt in Firá ein Health Center. Es hat rund um die Uhr geöffnet. Bei schwereren Fällen kann es sein, dass per Hubschrauber nach Athen oder Kreta ausgeflogen werden muss.
Firá, an der Hauptstraße (unweit vom Busbahnhof) • Tel. 2 28 60/2 33 33

APOTHEKEN

Apotheken sind durch ein rotes Kreuz gekennzeichnet. Sie sind in der Regel von Mo–Fr 8.30–14 und 16.30–19.30 Uhr geöffnet.

NOTRUF

Euronotruf Tel. 112
(Polizei, Feuerwehr, Rettungsdienst)

POST

Briefmarken erhalten Sie nicht nur auf dem Postamt (Mo–Fr 8–14 Uhr), sondern praktisch auch in jedem

Souvenirladen oder an den meisten Hotelrezeptionen. Oft hat es sich bewährt, Postkarten und Briefe dem Hotel zur Weiterbeförderung zu übergeben – die Briefkästen werden manchmal nur sporadisch geleert, wohingegen Hotelbesitzer meist ein vehementes Interesse daran haben, ihre Prospekte schnell an den Empfänger zu bringen, und deswegen ihre Post regelmäßig zum Postamt tragen. Trotzdem ist mindestens mit einer Woche Beförderungszeit zu rechnen.

Das Porto für Postkarten nach Deutschland, Österreich und in die Schweiz beträgt 0,70 €. Briefkästen sind gelb lackiert.

REISEDOKUMENTE

Deutsche, Österreicher und Schweizer können mit einem gültigen Reisepass oder Personalausweis (Identitätskarte) einreisen. Kinder unter 16 Jahren müssen im Pass eines Elternteils eingetragen sein oder benötigen einen Kinderausweis (ab 10 Jahren mit Lichtbild).

REISEKNIGGE

FKK: Eigentlich ist Nacktbaden und auch »oben ohne« sowieso verboten. Allein: Viele Touristen halten sich nicht daran, und die meisten Griechen bleiben tolerant. Mit Respekt gegenüber den Bewohnern des Gastlandes hat dieses Verhalten freilich nicht viel zu tun.

Fotografieren: Gerade bei feierlichen Anlässen oder gegenüber Würdenträgern sollte man Zurückhaltung üben und besonders im dörflichen Milieu erst freundlich um die Erlaubnis zum Fotografieren bitten. Wie überall in Griechenland ist das Fotografieren von Militäranlagen

NEBENKOSTEN

1 Tasse Kaffee	1,50–3,00 €
1 Bier	2,00–5,00 €
1 Cola/Limo	1,50–3,50 €
1 Brot (ca. 500 g)	0,90–1,80 €
1 Schachtel Zigaretten	2,00–3,50 €
1 Liter Benzin	1,69–1,74 €
Fahrt mit öffentl. Verkehrsmitteln (Einzelfahrt mit Bus)	1,00 €
Mietwagen/Tag	ab 40,00 €

verboten, hier also beim Flughafen oder auf dem Profítis Ilías.

Kleidung: In Klöstern und Kirchen gilt ganz generell in Griechenland, dass angemessene Kleidung getragen werden muss und möglichst wenig Haut gezeigt wird. Das heißt: keine Shorts, kurze Röcke oder knappe Tops.

Öffnungszeiten: In ganz Griechenland gelten die gleichen Gewohnheiten wie in praktisch allen Mittelmeerländern: Während der größten Hitze ab mittags bleiben die Geschäfte geschlossen, um am späteren Nachmittag oder auch erst abends wieder zu öffnen. Ausgenommen davon sind öffentliche Einrichtungen wie Post, Banken oder Behörden.

Toiletten: Für Mitteleuropäer sicher gewöhnungsbedürftig, aber wichtig: Das benutzte Toilettenpapier darf in Griechenland nicht wie bei uns üblich hinuntergespült werden! Man wirft es vielmehr in die dafür vorgesehenen, bereit stehenden Eimer – aus gutem Grund: Das Kanalisationssystem, bestehend aus engen Rohren, wäre sonst stets verstopft. Bisweilen findet man sogar noch – meist in öffentlichen Einrichtungen oder einfacheren Unterkünften –

Stehtoiletten, die für manchen Reisenden sicher recht unbequem sind. Grundsätzlich empfiehlt es sich, unterwegs immer etwas Papier dabei zu haben.

Trinkgeld: Geben Sie etwa 10 % der Rechnungssumme dazu, wenn Sie mit dem Essen und dem Service zufrieden gewesen sind. Ein paar Euro für das Zimmermädchen um die Mitte des Aufenthalts können auch nie schaden.

Wasser: Es liegt in der Natur der Sache, dass in der Mittelmeerregion das Wasser vor allem im Sommer knapp ist. Oft muss es sogar extra mit Tankschiffen vom Festland angeliefert werden – ein mühevolles und teures Unterfangen. Deshalb gilt vor allem für Touristen: bitte sparsam mit dem kostbaren Nass umgehen!

REISEWETTER

Die Saison beginnt in Santorin im April und dauert bis Oktober. Während im Mai das Meer noch ziemlich frisch sein kann und hier und dort noch ein Schauer niedergeht, ist ab Juni die Trockenzeit so gut wie garantiert. Die Kykladen gehören zu den sonnenreichsten Gebieten Griechenlands – doch auch in den Hochsommermonaten heißt das nicht unbedingt, dass man es nur im Schatten aushalten kann: »Schuld« daran sind die Meltémia genannten Winde aus nördlichen Richtungen, die gerade in den heißesten Wochen für willkommene Erfrischung sorgen.

Wie überall im Mittelmeer gilt freilich: Im Frühsommer blüht die Landschaft in all ihrer Pracht, während man bis Oktober, teilweise sogar bis in den November hinein angenehme Luft- und Wassertempera-

turen auskosten kann, während es in der Heimat schon kräftig »herbstelt«. Der Preis dafür ist eine völlig von der Sonne verbrannte Natur.

STROM

Für elektrische Geräte wird in seltenen Fällen ein Steckeradapter benötigt.

TELEFON

VORWAHLEN

D, A, CH ▸ Griechenland 00 30
Griechenland ▸ D 00 49
Griechenland ▸ A 00 43
Griechenland ▸ CH 00 41

Nach der Landesvorwahl folgt die Ortskennzahl, wobei Sie die erste Null weglassen. Die Telefongesellschaft OTE hat ihre öffentlichen Fernsprecher beinahe komplett auf Kartenbetrieb umgestellt, welche Sie in den OTE-Filialen erhalten.

Wenn Sie ein Handy nach Santorin mitnehmen, sollten Sie sich vorab über die Roamingvereinbarung mit Ihrem Netzbetreiber informieren. Im August 2010 kostete ein Gespräch von Griechenland ins übrige Europa rund 65 Cent pro Minute.

TIERE

Hunde und Katzen benötigen zur Einreise einen EU-Heimtierausweis (stellt der Tierarzt aus) mit Nachweis einer Tollwutimpfung. Das Tier muss durch einen Mikrochip oder – nur noch bis Juli 2011 akzeptiert – durch eine Tätowierung identifizierbar sein.

VERKEHR

MIETWAGEN/MIETROLLER

Wer nur wenige Tage auf der Insel verbringt oder bei der Tagesplanung einfach flexibel bleiben möchte, für den ist ein Mietfahrzeug sicher interessant. Die Straßen auf Santorin sind im Großen und Ganzen gut in Schuss.

Nerven kostet bisweilen der griechische Fahrstil, der oft, wie auch anderswo im Süden, von unerfindlicher Eile und einer Mischung aus Waghalsigkeit und Rücksichtslosigkeit geprägt ist – trotz oder gerade wegen der vielen unübersichtlichen Straßenabschnitte und auch gegenüber Fußgängern. Die hohe Unfallrate speziell auf Santorin spricht Bände. Laut Gesetz gelten 50 km/h innerhalb von Ortschaften, 80 km/h außerhalb der Städte.

Für eine Anmietung erforderlich ist der Führerschein und in den allermeisten Fällen auch eine Kreditkarte, von der als Mietsicherheit und Kaution für eventuelle Sachschäden ein Beleg gezogen wird. Ratsam ist die Reservierung eines Wagens über einen internationalen Autovermieter schon von Deutschland aus. Meistens sind diese Tarife auch günstiger; die Agentur Holiday-Autos gilt im Mittelmeerraum als besonders preiswert, zumal die Tarife meist jegliche Selbstbeteiligung ausschließen.

Vor der Anmietung von Motorrädern und Rollern muss dringend gewarnt werden – vor allem, wenn man kein geübter Zweiradfahrer ist! Denn gerade die interessanten Nebenstrecken sind voller Schlaglöcher und Unebenheiten.

ÖFFENTLICHE VERKEHRSMITTEL

Das Linienbusnetz auf Santorin ist sehr gut ausgebaut und entsprechend frequentiert. Es ist von Firá aus sternförmig organisiert, d. h., wer z. B. von Kamári nach Períssa möchte, muss in Firá umsteigen. Leider sind die Busse zwischen Firá und Kamári und nach Oía oft sehr überfüllt. Zwischen 7 und 21 Uhr ist ein regelmäßiger Fahrdienst zu erwarten, wobei man sich nicht auf angegebene Abfahrtszeiten verlassen sollte. Die zentrale Busstation der Insel liegt unmittelbar neben der Platía in Firá, wo sich auch das Büro der Busgesellschaft befindet. Die teuerste Einzelfahrt auf Santorin kostet 1,40 €; sie führt in einer knappen halben Stunde von Firá nach Akrotíri.

SCHIFF

Es gibt sowohl »Badeboote«, die beispielsweise die bekannte Bucht Red

Mittelwerte	JAN	FEB	MÄR	APR	MAI	JUN	JUL	AUG	SEP	OKT	NOV	DEZ
Tages-temperatur	14	14	16	19	22	26	27	26	25	21	19	16
Nacht-temperatur	9	9	10	12	15	19	22	22	20	17	13	11
Sonnen-stunden	3	5	5	7	9	10	10	10	9	7	6	4
Regentage pro Monat	8	8	6	3	1	1	0	0	1	3	5	9
Wasser-temperatur	15	14	14	15	18	21	23	24	23	20	18	16

Beach ansteuern oder den Strand von Períssa und Kamári miteinander verbinden. So kann man etwa eine Wanderung sehr angenehm mit ein paar Stunden am Strand ausklingen lassen. Des Weiteren bietet sich eine Vielzahl von Tagestouren durch die Caldera an. Die Bandbreite der maritimen Angebote reicht vom einfachen Badetrip bis zur exklusiven romantischen Exkursion auf einem nostalgischen Schoner mit Candlelight-Dinner. Aktuelle Informationen und Vorschläge hält in Oía z. B. die Agentur Karvoúnis Tours (an der Hauptgasse) bereit.

TAXIS

Normalerweise warten die Fahrer stets dort auf Kundschaft, wo es auch die Touristen hinzieht, etwa am Strand von Períssa oder vor der Ausgrabungsstätte von Akrotíri. Die Preise sind vergleichsweise moderat, vor allem wenn man sich einen Wagen teilt.
Preisbeispiele: Firá–Flughafen 15 €, Firá–Oía 20 €, Firá–Kamári 17 €, Firá–Pýrgos 12 €
Taxizentrale: Tel. 2 28 60/2 25 55

ZEITVERSCHIEBUNG

In Griechenland gilt die osteuropäische Zeit (MEZ + 1 Std.).

ZOLL

Reisende aus Deutschland und Österreich dürfen Waren abgabenfrei mit nach Hause nehmen, wenn diese für den privaten Gebrauch bestimmt sind. Bestimmte Richtmengen sollten jedoch nicht überschritten werden (z. B. 800 Zigaretten, 90 l Wein, 10 kg Kaffee). Weitere Auskünfte unter www.zoll.de und www.bmf.gv.at/zoll.
Reisende aus der Schweiz dürfen Waren im Wert von 300 SFr abgabenfrei mit nach Hause nehmen, wenn diese für den privaten Gebrauch bestimmt sind. Tabakwaren und Alkohol fallen nicht unter diese Wertgrenze und bleiben in bestimmten Mengen abgabenfrei (z. B. 200 Zigaretten, 2 l Wein). Weitere Auskünfte unter www.zoll.ch.

ENTFERNUNGEN (IN KM) ZWISCHEN WICHTIGEN ORTEN

	Akrotíri	Firá	Imerovígli	Kamári	Monólithos	Oía	Períssa	Pýrgos	Vlicháda	Voúrvoulos
Akrotíri	–	12	14	12	15	23	8	8	8	15
Firá	12	–	2	8	9	11	13	7	13	3
Imerovígli	14	2	–	10	11	9	15	9	15	1
Kamári	12	8	10	–	4	19	14	5	14	11
Monólithos	15	9	11	4	–	19	22	9	17	11
Oía	23	11	9	19	19	–	24	18	24	10
Períssa	8	13	15	14	22	24	–	9	6	16
Pýrgos	8	7	9	5	9	18	9	–	10	9
Vlicháda	8	13	15	14	17	24	6	10	–	18
Voúrvoulos	15	3	1	11	11	10	16	9	18	–

Kartenatlas
Maßstab 1:50000

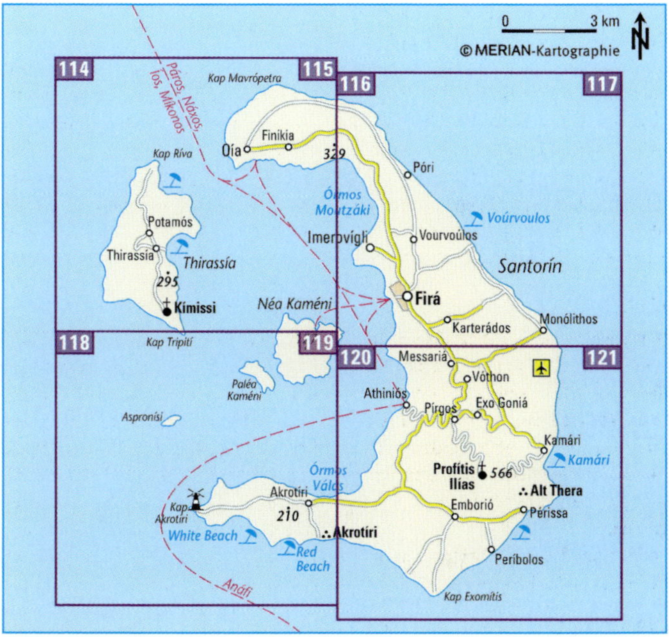

0   3 km
© MERIAN-Kartographie

Legende

Touren und Ausflüge

- Mini-Caldera-Kreuzfahrt (S. 84) Start: S. 115, E2
- Autotour von Oía nach Kamári (S. 85) Start: S. 115, E2
- Küstenwanderung von Périssa nach Akrotíri (S. 87) Start: S. 121, D15
- Am Kraterrand von Firá nach Oía (S. 88) Start: S. 116, B7
- Von Kamári nach Emborió (S. 90) Start: S. 121, D14
- Inselspaziergang auf Thirassía (S. 91) Start: S. 114, C3
- Feld- und Wiesenwanderung bei Oía (S. 93) Start: S. 115, E2

Sehenswürdigkeiten

- MERIAN-TopTen
- MERIAN-Tipp
- Sehenswürdigkeit, öffentl. Gebäude
- Sehenswürdigkeit Kultur
- Sehenswürdigkeit Natur
- Kirche; Kloster
- Schloss, Burg; Ruine
- Museum
- Denkmal
- Leuchtturm
- Windmühle
- Archäologische Stätte

Verkehr

- Hauptstraße
- Nebenstraße
- Unbefestigte Straße, Weg
- P Parkmöglichkeit
- B Busbahnhof
- H Bushaltestelle
- Schiffsanleger
- Flughafen
- Flugplatz

Sonstiges

- Strand
- Aussichtspunkt
- Weingut

Piräus, Síros, Páros, Náxos, Íos, Sík

Ä g ä i s c h e s   M e e r

Kap Ríva

Órmos Míllo

Thirassía

Kórfos

Potamós

Agrillío

Thirassía
Manólas

*Órmos
Nikólac*

**Ágios
Konstantínos**   **Jimmy
Room's**

**Ágios
Charálambos**

•*295*

Kap
Kímino

**Kimíssi
Theotók**

Kap Tripití

Kap Mavrópetra

Baxédes

1

Tholos

Oía

H

H

Megaló Vounó

Finikia

Mávro Vounó
329

Órmos Ammoúdi

Kastell
Argýri

3

Ágios
Nikólaos

Órmos Arméni

2

óndros, Míkonos

Kap Tinó

116

Órm

Mout

3

10

Kap
Simandíri

Skáros-

Theoskep

Kap Toúrle

10

4

Kap Stákti

Patroúliou-

Kammeni-
Inseln

0   900 m

© MERIAN-Kartographie

N

5

6

Ägäisches Meer

7

Monólithos

Monólithos

8

0   900 m

© MERIAN-Kartographie

N

A   B   114   C

Kímiss
Theotó

Kap Tripití

9

10

74   Aspro

Ägäisches   Me

11

9 Fáros
Kap Akrotíri

Kap

12

Anáfi Astypálea

A   B   C

Kap Stákti

Petroúliou-Bucht

*Kaméni-
Inseln*

Néa Kaméni
127

*Néa
Kaméni*

9

Ágios
Nikolaos

*Paléa
Kaméni*

98

▶ 120

10

11

Kap Aspronísi

Gialos

Kokkinópetra

Órmos Válas

Sellídes

Kaparies

Akrotíri

○Méssa Pigadia

Vounó

*Méssa
Pigadia*

[8]

▲ **Akrotíri**

*White
Beach*

*Red
Beach*

12

Kap Vounía

Kampia

[9]

Kap Mavrorrachídi

Almir

0   900 m

© MERIAN-Kartographie

N

A   B   116   C

Néa
Kaméni

Kap Alonáki

13

Ehem.
Leprastation

Archontikó
Argyroú
Messariá
Ágios Dimitrios
Wine Museum
of Santorini

Vóthonas

Éxo
Goniá

Áthiníos

Weinkellerei
Santos

Ágios
Charálambos

Agia
Triáda

Méssa
Gonia

Pýrgos

Panagí
Episko

14

Megalochóri

6

Profítis Ilías

Pro

Weinkellerei
Antoniou

119

mos Válas

Weinkellerei
Boutári

Diápla

15

Goúlas Froúrio

Emborió

Águ
Antónic

Wat

Gavrilos

Perívolos

140

Ágios
Geórgios

Almíra

Elefsis

16

Echendra

Kap Vlichada

Vlicháda

Vlicháda

Kap Exomítis

A   B   C

Santorín

Ágios Paraskeví

Avis

ava
ssos

Ágios Nektários

Panagia
Myrtidiótissa

H H

Kamári

H 2 Kamári

as

8
Zoodócho Pigi

fítis Ilías

Alt Thera

5

Kap Méssa Vounó

Agia Iríni

Períssa
Tímios Stávros

rum 1 H

Mediterranean
Dive Club

Períssa

Ä g ä i s c h e s   M e e r

13

14

15

16

0   900 m

© MERIAN-Kartographie

N

Kartenregister

Manolás ○ 114, C3
M. Profítis Ilías ★
120, C14
Mávro Vounó ▲
115, F2
Mediterranean Dive
Club ★ 121, D15
Megaló Vounó ▲
115, F2
Megalochóri ○
120, B14
Mégaron Ghízi
Museum ★ 116,
B8
Mésa Gonia ★
120, C14
Mesa Katikies ○
116, C8
Méssa Pigadia ○
119, D12
Méssa Pigadia ~
119, E12
Messariá ○ 120, C13
Monólithos ~ 117, D8
Monólithos ○ 117,
E8

Néa Kaméni ▲ 119,
F9
Néa Kanéni △ 119, F9

Oía ○ 115, E2
Órmos Ammoúdi ~
115, D2
Órmos Arméni ~
115, E2
Órmos Míllo ~ 114,
C2
Órmos Moutzáki ~
116, A6
Órmos Nikólaos ~
114, C3
Órmos Válas ~
119, F11

Paléa Kaméni △ 119,
E9
Panagía Episkopí ★
120, C14
Panagia Myrtidiótissa
★ 121, D14
Períssa ○ 121, D15
Períssa ~ 121, D15
Perívolos ▲ 120,
C16
Pétros-Nomikós-
Kongresszentrum ★
116, A7
Petroúliou-Bucht ~
119, F9
Póri ○ 116, B5
Potamós ○ 114, C3
Prähistorisches
Museum ★ 116, B8
Profítis Ilías ★
120, C14
Profítis Ilías ▲
120, C14
Pýrgos ○ 120, C14

Red Beach ~ 119, F12

Sellides ▲ 119, D11
Skala ★ 116, B8
Skáros-Felsen ★
116, A7

Theoskepásti ★
116, A7
Thirassía △ 114, B3
Thirassía ○ 114, C3
Tholos ○ 115, E1
Timios Stavrós ★
121, D15

Vlicháda ~ 120, B16
Vlicháda ○ 120, B16
Vóthonas ○ 120, C13

Vourvoulos ○ 116,
B7
Voúrvoulos ~ 116, C6

Water Park ★ 121,
D15
Weinkellerei Antníou
★ 120, A14
Weinkellerei Boutári
★ 120, A15
Weinkellerei Santos ★
120, B14
Weinmuseum ★
120, C13
White Beach ~
119, E12

Zeichenerklärung
▲ Gebirge, Berg
★ Sehenswürdigkeit
~ Gewässer, Strand
△ Insel, Kap
○ Orte

Orts- und Sachregister

Wird ein Begriff mehrfach aufgeführt, verweist die **fett** gedruckte Zahl auf die Hauptnennung, eine *kursive* Zahl auf ein Foto.
Abkürzungen:
Hotel [H]
Restaurant [R]

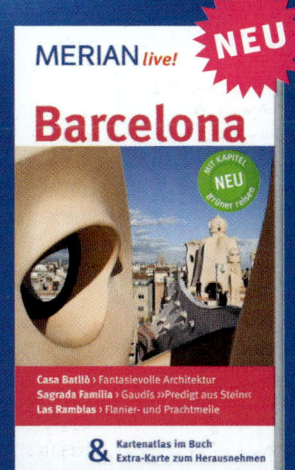

Wenn uns eine **Stadt**
zu **Frühaufstehern** macht ...

... dann muss es *live!* sein

MERIAN
Die Lust am Reisen

Liebe Leserinnen und Leser,
vielen Dank, dass Sie sich für einen Titel aus unserer Reihe MERIAN *live!* entschieden haben. Wir freuen uns, Ihre Meinung zu diesem Reiseführer zu erfahren. Bitte schreiben Sie uns an merian-live@travel-house-media.de, wenn Sie Berichtigungen und Ergänzungen haben – und natürlich auch, wenn Ihnen etwas ganz besonders gefällt.

Alle Angaben in diesem Reiseführer sind gewissenhaft geprüft. Preise, Öffnungszeiten usw. können sich aber schnell ändern. Für eventuelle Fehler übernimmt der Verlag keine Haftung.

© **2011 TRAVEL HOUSE MEDIA GmbH, München**
MERIAN ist eine eingetragene Marke der GANSKE VERLAGSGRUPPE.

2., unveränderte Auflage

BEI INTERESSE AN DIGITALEN DATEN AUS DER MERIAN-KARTOGRAPHIE:
kartographie@travel-house-media.de

BEI INTERESSE AN ANZEIGENSCHALTUNG:
KV Kommunalverlag GmbH & Co KG
MediaCenterMünchen
Tel. 0 89/92 80 96 44
winzer@kommunal-verlag.de

TRAVEL HOUSE MEDIA
Postfach 86 03 66
81630 München
merian-live@travel-house-media.de
www.merian.de

PROGRAMMLEITUNG
Dr. Stefan Rieß
REDAKTION
Stella Rahn
LEKTORAT
Kerstin Seydel-Franz
BILDREDAKTION
Charlotte May
SCHLUSSREDAKTION
Ulla Thomsen
SATZ/TECHNISCHE PRODUKTION
h3a GmbH, München
REIHENGESTALTUNG
Independent Medien Design,
Elke Irnstetter, Mathias Frisch
KARTEN
MERIAN-Kartographie
DRUCK UND BUCHBINDERISCHE VERARBEITUNG
Stürtz Mediendienstleistungen, Würzburg

Ein Unternehmen der
GANSKE VERLAGSGRUPPE

PEFC/04-31-1404

BILDNACHWEIS
Titelbild (Oía), laif: IML
Alamy: Cephas Picture Library 62, J. Heinimann 22, 78, imagebroker 8, 65 • Alimdi.net: M. Lange 43 • Ch. Anzenberger-Fink 55 • Arco Images: Camerabotanica 18 • Atmosphere Lounge Restaurant 14 • Bildagentur-online: TIPS-Images 56 • Bildagentur Huber: Gräfenhain 2, 34/35, 59, 82/83, 85, Kreder 10/11 • ddp images: FAN travelstock 80 • dpa Picture-Alliance: Gräfenhain/Bildagentur Huber 32, Hackenberg 94/95 • F1online: Adpics 88, cw. Digital artwork 53 • Fotolia.com: DeVice 70 • imago: Handl/imagebroker 36 • laif: A. Hub 4, E. Suetone 66 • Langas Villas/Savva International 9 • look: F. Tophoven 25 • MATI art gallery: C. Pigadas 9, 40 • mauritius images: imagebroker 28 • Perívolas: W. Abranowicz 12 • santorini.gr 51 • Schapowalow: Atlantide 77, de Vrée 91 • Shutterstock: P. Basilico 26, Gts 16, Jirsak 9, Maugli 89 • Th. Stankiewicz 30, 75 • The Wave: A. Lörcher 21 • Your_Photo_Today 96